Entfremdung und Heimkehr

Erfolgreich leben trotz Schicksal als Heim-, Pflege-,
Adoptiv- und Scheidungskind

Werner Boesen

Entfremdung und Heimkehr

Erfolgreich leben trotz Schicksal als Heim-, Pflege-, Adoptiv- und Scheidungskind

Werner Boesen

epubli

© 2016 Dipl.-Kfm. Werner Boesen
Dieses Werk ist urheberrechtlich geschützt. Eine Verwertung, auch von Teilen, ist ohne schriftliche Zustimmung des Autors oder seiner Erben unzulässig. Sämtliche Internet- und Literaturquellen wurden vor der Buchveröffentlichung eingesehen. Es kann keine Garantie übernommen werden, ob diese Quellen weiterhin existieren. An den Erkenntnissen ändert sich dadurch nichts. Eine Haftung des Autors für externe Quellenangaben ist stets ausgeschlossen.

Bibliografische Information der Deutschen Nationalbibliothek
Die Deutsche Nationalbibliothek verzeichnet diese Publikation in der Deutschen Nationalbibliografie; detaillierte bibliografische Daten sind im Internet über http://dnb.d-nb.de abrufbar.

Texte: © Copyright by Dipl.-Kfm. Werner Boesen
Umschlaggestaltung: © Copyright by Dipl.-Kfm. Werner Boesen
Verlag: Dipl.-Kfm. Werner Boesen
       Postfach 116
       67251 Freinsheim
       beratung@wernerboesen.de
       www.wernerboesen.de
Druck: epubli ein Service der neopubli GmbH, Berlin
ISBN 978-3-7375-xxxx-x (Buch)
ISBN 978-3-7375-xxxx-x (Ebook)
       Printed in Germany

Inhaltsverzeichnis

Vorwort zur Neuauflage		7
Geleitworte		9
1.	Wie eine Wiedergeburt ...	11
1.1.	... das Wiedersehen nach langer Trennung	11
1.2.	Die Erlebniswelt von Kindern in geschlossenen Einrichtungen	12
1.3.	Etwas verändert?	21
1.4.	Das Leben ist im ständigen Fluss! Suche nach Identität, wer bin ich?	22
2.	Pflegeeltern: Moderne Sklavenhalter oder liebende Ersatzeltern?	29
3.	Sozialarbeiter wursteln sich durch! Ein Kind hat noch keine Kinderrechte?!	35
4.	Erzieher in Kinderheimen: Ordnung schaffen im kindlichen Chaos. Kinder haben noch keine Rechte!	43
4.1.	Ein Brief an die Heimerzieher von damals	44
4.2.	Geschlossene Einrichtungen, Kinderkäfige	46
4.3.	Die politische Verantwortungskette	48
5.	Heimpädagogik - eine Totgeburt? Totgesagte leben länger!	51
5.1.	Die geschlossene Einrichtung – eine Totalorganisation, ein Kindergefängnis	55
5.2.	So wichtig wie Nahrung und Wärme - eine dauerhafte Bezugsperson!	74
5.3.	Nicht Berufstätige sind gefragt, sondern Menschen als Vorbilder mit Privatsphäre und Autonomie	100
5.4.	Heimpädagogik – Herrschaftsinstrument für „die Hofnarren des Königs"	103
6.	Adoptionen: Kinder auf Bestellung - im Maßanzug! Eine Mutter ist doch kein Kuckuck!	111
7.	Zu frühe Trennung der Eltern – Gefühlschaos beim Scheidungskind	119
7.1.	Nicht wahrhaben wollen, Irritation	121
7.2.	Aufbrechende Emotionen – Gefühlschaos	122
7.3.	Die Phase des Suchens und Sich-Trennens, Neuorientierung	123
7.4.	Neue Identität	124
7.5.	Bleibende Irritationen – Süchte?	125

8.		Welche Rechte hat ein Kind?	127
	8.1.	Meine Analyse aus 1992 und Update	127
	8.2.	Abgleich mit dem Grundlagenwerk von David Archard	147
	8.2.1.	Kinderrechte in der Staatsverfassung?	148
	8.2.2.	Was ist Liebe?	153
	8.2.3.	Was braucht Liebe?	155
	8.2.4.	Kindgerechte Aufklärung durch öffentliche Bildung	157
	8.2.5.	Eine Lizenz für Pflege-, Adoptiv- und Scheidungseltern?	158
9.		Entfremdung und Heimkehr: Die Zeit heilt alle Wunden?	163
10.		Erfolgreich leben trotz Schicksalsschlag als Heim-, Pflege-, Adoptiv- und Scheidungskind	169

Abbildungsverzeichnis 188

Literaturverzeichnis 189

Danke an alle Du 195

Vorwort zur Neuauflage

Dieses Buch wurde im Jahre 1992 erstmals veröffentlicht unter dem Titel „Zwischen Entfremdung und Heimkehr" und nach einigen Jahren mangels weiterer Nachfrage vom Markt genommen. Inzwischen ist natürlich viel geschehen. Ich hielt mich mit den hier behandelten Thematiken kraft anderweitiger beruflicher Orientierung im Hintergrund und beobachtete die fachlichen Auseinandersetzungen in unterschiedlichen wissenschaftlichen Richtungen sowie die Rechtsentwicklungen. Zudem war meine Familie gewachsen und in 1992 wurde mein viertes Kind geboren. Beruf und Familie gaben mir die Chance, diese hier behandelten Thematiken weitestgehend zu verdrängen. Doch mir war sehr früh klar, dass diese Verdrängung nicht dauerhaft möglich sein wird.

Anfang der 2000er Jahre gab es den ersten großen Denkanstoß. Im Jahre 2004 wurde der Heimkinderverband gegründet und ich überlegte mich dort zu engagieren. Doch die berufliche und familiäre Situation ließen mir weiterhin keine Wahl zur Beschäftigung mit meiner Heimkind-Vergangenheit.

Im Jahre 2008 erreichte mich eine Pressemitteilung, dass eine Bundestagskommission gegründet wurde, die zur Aufgabe hatte, das geschehene Unrecht an Heimkindern der 1950er und 1960er Jahre politisch aufzubereiten. Innerhalb von zwei Jahren, Ende 2010, sollte die Bundestagskommission einen Abschlussbericht erstellen. Nun konnte ich keine Zurückhaltung mehr üben und stellte der Bundestagskommission meine beiden Werke zur Verfügung und ließ sie wissen, dass ich für persönliche Gespräche nicht verfügbar sein möchte. Parallel betrieb ich nun meinen Heilungsweg, denn mir war bekannt, dass das Risiko von Re-Traumatisierungen bestand. Ich fing also an, mich mit den diversen Literaturquellen ehemaliger Heimkinder zu befassen und nach Aufnahme der Arbeit der Bundestagskommission verging kaum eine Woche, in der nicht aus der Tagespresse zu entnehmen war, was es Grausames aufzubereiten gilt. Plötzlich wurden weitere Thematiken pressemäßig zum Besten gegeben wie Kindesmissbrauch in der Familie, in öffentlichen Schulen (Fall Odenwaldschule). Ich rutschte tiefer in die Materie und landete dort, wo es die psychologischen Experten bereits erahnen ließen. Ich begann den Spagat zwischen Beruf, Familie und eigener Heilung zu vollziehen. Es ist gelungen dank meiner Überzeugung, dass ich die richtigen Mitmenschen auch in der Fachwelt finde, die mir primär mit Liebe und Wertschätzung begegnen. Auch wenn ich beides brauche, Liebe und Fachwissen, ist die Liebe Voraussetzung für eine Gesundung.

Nach erfolgreich abgeschlossener Berufslaufbahn startete ich nun mit einer neuen beruflichen Orientierung und gehe meinem schriftstellerischen Talent nach. Zuvor absolvierte ich nebenberuflich eine umfangreiche Qualifizierung zum Trauerbegleiter und lernte dabei, dass mein Schicksalsschlag zwar eine Minderheit in der Gesellschaft trifft, jedoch Mitmenschen auch andere Schicksalsschläge treffen, die nicht minder gravierend sind. So lernte ich auch die sogenannten Trennungs- und Scheidungskinder kennen, das heißt Kinder deren Eltern sich zu früh scheiden lassen und den Kindern damit teilweise tiefgreifende psychische Beschwerden verursachen. Ich nehme daher diese Thematik hier mit auf.

Das in 1992 veröffentlichte Buch hat in seinen wesentlichen Inhalten nichts an Aktualität eingebüßt. Ich habe sie daher weitestgehend übernehmen können und ergänze sie mit meinen zusätzlich gewonnenen Einsichten und Erkenntnissen. Den Titel habe ich neu gefaßt, denn auf die Entfremdung von Liebe zum Familienclan folgt nach vielen Jahren die Heimkehr zur Eigen- und Nächstenliebe. Es sollte daher letztendlich kein dazwischen mehr geben, denn dies entspricht einer seelischen Gleichgewichtsstörung. Ziel ist meine seelische Balance in Liebe und Freiheit zur Natur und zum Kosmos, für die Gläubigen zu Gott.

Geleitworte

Die Liebe genügt!

„Dieses Buch ist der größten Kraft gewidmet, über die Sie verfügen, Ihrer Fähigkeit zu lieben, sowie all denen, die Ihnen helfen, die magische Wirkung dieser Kraft zu entfalten"

(Robbins 1992 S. 7).

„Jeder braucht dauerhaft liebevolle Bindungen zu anderen Menschen. Ohne solche Bindungen ist jeder Erfolg, jede Leistung hohl und leer"

(Robbins 1992 S. 38).

Jeremias Gotthelf sagte: „Die dummen Leute glauben immer, die Liebe sei nur eine Tugend, während sie die Kraft ist, welche einzig zur Ausübung der Tugend befähigt."

„Das Böse entsteht immer da, wo die Liebe nicht ausreicht." „Den Sinn erhält das Leben einzig durch die Liebe. Das heißt: je mehr wir zu lieben und uns hinzugeben fähig sind, desto sinnvoller wird unser Leben. Phantasie und Einfühlungsvermögen sind nichts anderes als Formen der Liebe."

(Hermann Hesse 1999 S. 258-259).

Was ist nun von Menschen zu halten, die meinen:

„Liebe allein genügt nicht!"?

Sie sind sich nicht mehr der Kraft der Liebe bewusst, denn sie ist die Basis allen Lebens.

Vielleicht sagen sie dies auch im Zustande geistiger Verwirrung oder Irritation. Mit dieser Aussage haben sie sich selbst disqualifiziert. Ihr Glaube an die Liebe ist zu schwach.

Heute tun mir diese Mitmenschen manchmal leid, dann verärgern sie mich doch beträchtlich, denn es ist Unsinn zu sagen „Liebe allein genügt nicht". Erst die Liebe lässt uns wachsen.

Die Liebe genügt und braucht Reifung!

Liebe ist etwas individuelles, das wir geben. Es ist nichts Bürokratisches. Dies sollte jeder Kindesvermittler einer Behörde versuchen zu verstehen. Liebe ist nichts Statisches und unterliegt einem Reifungsprozess. Nicht nur für ehemalige Heimkinder ist daher die Aussage „Liebe allein genügt nicht" eine Persiflage (lt. Duden, Das Fremdwörterbuch 2011 „feine, geistreiche Verspottung durch übertreibende od. ironisierende Darstellung bzw. Nachahmung").

Eltern, die fremde Kinder zu sich nehmen, vollbringen eine Leistung für die Gesellschaft. Im Falle der Annahme behinderter Kinder ist diese Leistung immens. Kinder zu erziehen, bedeutet die Auseinandersetzung mit kindlichen und elterlichen Problemstellungen, die aus der Individualität des einzelnen resultieren.

> *„Die einzigen Menschen, die keine Probleme haben, liegen auf den Friedhöfen"* (Robbins 1992 s. 45).

Versuchen wir deshalb gemeinsam, uns der Herausforderung zu stellen, unschuldigen Kindern zur Familie zu verhelfen und sie nicht hinter kalte Mauern (Kinderheime) abzuschieben. Auch behinderte Kinder haben ein Recht auf eine Familie. Es gibt keine familienunfähigen Kinder, wie manch ein Bürokrat artikuliert.

Gebt Kinder nur dann in fremde Hände, wenn beide Elternteile verstorben sind oder sich die leiblichen Eltern nicht um ihre Kinder kümmern wollen oder sie gar misshandeln. Kinder bereichern die Gemeinschaft. Was wäre eine Welt ohne Kinder?

1. Wie eine Wiedergeburt ...

So könnte man meinen, nachdem wir unsere Mutter nach vielen Jahren der Trennung wiedergesehen hatten. Was war geschehen?

1.1. ... das Wiedersehen nach langer Trennung

In jungen Jahren wurden wir, Peter, Günter, Doris und ich, von unserer Mutter getrennt und in Kinderheime eingewiesen. Später kamen noch zwei weitere Geschwisterkinder hinzu.

Die folgenden Ausführungen stellen einen Kurzbeitrag dar, der die wesentlichen Kindheitserlebnisse von mir und meinen Geschwistern in geschlossenen Einrichtungen beinhaltet. Die aufgezeigten Phänomene sind sehr ausführlich und im wissenschaftlichen Kontext beschrieben in meinem Erstlingswerk: *„Kinder in geschlossenen Einrichtungen. Gefühls- und geschlechtslose Wesen"* (1990):

In den 1960iger Jahren verbrachten wir über sechs Jahre in Kinderheimen, sog. geschlossenen Einrichtungen mit staatlichem Erziehungsauftrag unter katholischer Trägerschaft. Meine Geschwister waren etwa zwei bis sechs Jahre in geschlossenen Einrichtungen untergebracht. Drei Erzieher und zwei Praktikanten kümmerten sich im Wechsel um eine Masse von Kindern. Es mussten ca. 30 Kinder und mehr gewesen sein. Aufgewachsen bin ich mit den genannten Geschwistern, die das gleiche Schicksal erlitten: sie wurden von ihrer geliebten Mutter gerissen und erlebten – zum größten Teil getrennt – wechselnde Heime, wobei die ersten Jahre des Heimaufenthalts bei uns allen in Form menschlicher Züchtigung und menschlichen Terrors erlebt wurden. Kaum vorstellbar, dass so etwas in unserem Lande, der BRD, passiert. Doch wer konnte sich die Judenvernichtung im 3. Reich vorstellen?

Obwohl heute die Öffentlichkeit scheinbar einiges mehr erfährt über das, was in geschlossenen Einrichtungen passiert, sind immer noch zu viele Kinder in deutschen Heimen. Seit längerem möchten mehr

Eltern Kinder aus den Heimen holen, als Kinder in Heimen vorhanden sind. Weshalb müssen Kinder in Heime und wie erleben sie in jungen Kinderjahren die Heimeinweisung und den Heimaufenthalt?

1.2. Die Erlebniswelt von Kindern in geschlossenen Einrichtungen

ZWANGSGEWALT

Die Heimeinweisung bedeutet für Kleinkinder, deren Eltern noch leben, eine Zwangsmaßnahme. Die Kinder gehen nicht freiwillig ins Heim, sondern möchten aufgrund ihrer natürlichen Nachahmungsbestrebungen bei ihren Eltern bleiben, selbst oft sogar wenn die Eltern ihre Kinder misshandeln. Von Misshandlung konnte in unserem Falle nicht gesprochen werden. Dafür hatte unsere alleinerziehende Mutter wechselnde Männerbekanntschaften und konnte für kein „geordnetes" Familienleben sorgen. Als dann nach dem ersten Kind noch weitere Kinder geboren wurden, nahm das Jugendamt der Mutter die Kinder weg; vorab bekam sie das Sorgerecht entzogen.

OHNMACHT

Zum ersten Mal in unserem noch jungen Menschenleben verspürten wir bei der Heimeinweisung das Gefühl der Ohnmacht. Unser Wille zählte nicht mehr. Mit uns wurde gemacht, wie andere es wollten. Die anderen, das waren Sozialarbeiter, Erzieher und Nonnen, jene Mitmenschen von uns, die scheinbar nur Gutes vollbringen und sich ebenso scheinbar über herzzerreißendes Kindergeschrei und Gestrampel hinwegsetzen können. Hatten sie keine Gefühle mehr? Doch was nutzten Gefühle? Sie hatten ihre Pflicht zu erfüllen und da wurde nicht mehr gefragt, wie dies zu geschehen hat. Hauptsache es geschah, denn **der Zweck heiligt die Mittel**.

HEIMTERROR

Der Heimalltag orientierte sich an einer alten Mönchsregel:

„Bete und arbeite".

Sobald die Kinder in die Schule kamen, mussten sie bei allen anfallenden Haushaltsarbeiten im Kinderheim mitarbeiten. Durchgesetzt wurde dies von den Erziehern nach dem

>Prinzip „Befehl und Gehorsam"

und dem

>Motto: „Und bist Du nicht willig, so brauch ich Gewalt".

Wenn ein Heimkind nicht gehorchte, wurde es geprügelt und zwar solange, bis es gehorchte. Die Erzieher bedienten sich des Faustrechts und ihnen schien jedes Mittel recht zu sein. Die Heimkinder konnten sich vor lauter Angst niemandem anvertrauen. Es hatte zudem keinen Zweck. Wer es einmal von den Heimkindern wagte, sich seinen Eltern anzuvertrauen und die Eltern den Heimerziehern die Missstände darlegte, erlebte als Heimkind die Hölle auf Erden. Ein scheinbar nie endendes Trommelfeuer an Prügel wurde dem betreffenden Heimkind zuteil, sodass es anschließend wirklich den Mund hielt.

KINDER SIND NUR NOCH OBJEKTE

Der terroristische Heimalltag ließ die Kinder zu Objekten werden. Ein berühmter Satz seitens der Erzieherin war: Du faules Subjekt! Gefühlsaustausch seitens der Erzieher erfolgte nicht außer Schlägen ins Gesicht, leider auch eine Art von Gefühlsaustausch. Während des Heimaufenthalts war man als **Heimkind**

>**ein gefühls- und geschlechtsloses Wesen.**

Es war nur eine Frage der Zeit, wann sich das Heimkind als

>**Marionette** (willenloser Mensch als Werkzeug anderer)

und

>**menschliches Wrack**

fühlen musste. Wenn ein Heimkind krank wurde, nahmen die Erzieher die ersten **Krankheitsanzeichen** wie Müdigkeit und Lustlosigkeit gar nicht wahr. Solche Anzeichen wurden stets **als Faulheit ausgelegt** und **mit** einer Tracht **Prügel begleitet**. Als meine Backen durch die Kinderkrankheit Mumps so dick angeschwollen waren, dass es endlich die Erzieher sehen konnten, unterblieben die Schläge und eine Einweisung ins Krankenhaus folgte, in meinem Fall ein sechswöchiger Krankenhausaufenthalt, nicht nur wegen der Mumps, sondern auch durch eine inzwischen hinzugezogene Hirnhautentzündung.

ALLES REGLEMENTIERT

Der Heimalltag war strikt vorbestimmt, selbst die Spielzeiten und Spielarten. Über jedes Heimkind wurden Berichte geschrieben, in denen von den Erziehern festgehalten wurde, wie sich die Heimkinder verhalten. Jedes Heimkind galt generell als verhaltensgestört und musste sozialisiert werden. Wer sich an den Heimalltag angepasst hatte, war reif für die Außenwelt. Dies bedeutete zunächst, dass Kontakte mit den noch existierenden Elternteilen aufgenommen werden konnten. Ermöglicht wurde dies am Sonntag. Nach dem obligatorischen Morgengottesdienst durften die Kinder - sofern sie sich die Woche über geschickt hatten - ihre Eltern besuchen. Am späten Nachmittag mussten sie wieder zurück sein. Als Heimkind durfte man die öffentliche Schule besuchen, gelegentlich kleinere Einkäufe oder Besorgungen für die Heimleitung in der näheren Umgebung erledigen und in den Sommerferien zu einem Ferienlager fahren.

GEGENÜBER JEDEM WEISUNGSGEBUNDEN

Das Heimkind hatte nicht nur den Erziehern zu gehorchen, sondern jedem beliebigen Erwachsenen. Sobald an die Erzieher etwas Negatives herangetragen wurde - egal woher - war man als Heimkind einer Tracht Prügel sicher.

SELBSTVERLEUGNUNG

Mit das Schlimmste, was jedem Menschen passieren kann: die Selbstverleugnung. Das Heimkind hatte bei der Heimeinweisung alles zu vergessen, was es bisher erlebt und an Wertvorstellungen verinnerlicht hatte. Die Herkunftsfamilie war ohne Bedeutung. Nur die Heimnormen zählten und nur die Erfüllung der Anweisungen der Erzieher war maßgebend. Da jedoch jeder Mensch an dem festhalten will, was er bisher erreicht und an Werten verinnerlicht hat, gerät das Heimkind in einen Konflikt, den es nicht lösen kann. Die provokative Forderung der Erzieher, die eigenen Eltern zu vergessen und die massive Zwangsausübung durch Gewaltanwendung lassen dem Heimkind keinerlei Chance, über die eigenen Eltern zu reden. Leider wird das Heimkind auch gar nicht danach gefragt, was ihm bei seinen Eltern gefallen hat. Bei den staatlichen Instanzen zählten nur die scheinbar objektiv feststellbaren schweren Erziehungsmängel der Eltern.

Mutterliebe schien nicht möglich zu sein bei einer Frau, die wechselnde Männerbekanntschaften unterhielt. Für die Kinder gibt es keinen plausibel erklärbaren Grund, von ihrer geliebten Mutter gerissen zu werden. Absurd ist dann die Frage seitens der Vormundschaft, ob man zu seiner eigenen Mutter zurückwolle. Die Verneinung dieser Frage galt als Indiz, dass es dem Heimkind gelungen war, sich von dem „schlechten Elternvorbild" zu lösen. Für ein Kind gibt es jedoch keine schlechten Eltern. Die Eltern sind stets das Hauptvorbild, an dem sich das Kind orientiert, unabhängig davon, wie das Verhalten der Eltern durch Dritte beurteilt wird. Die Beurteilung der Eltern durch Dritte interessiert ein Kind nicht. Jeder kann selbst überprüfen, wie Menschen reagieren, wenn in ihrer Gegenwart über die eigenen Eltern etwas „Schlechtes" gesagt wird. Die Selbstverleugnung treibt im Extremfall die Menschen zum Selbstmord oder Märtyrer.

Meine Geschwister und ich sind froh, dass wir unsere Mutter stets in guter Erinnerung behalten haben und dies in unserem Herzen mitgetragen haben. Unsere Mutter gab uns die Kraft durchzuhalten, sodass wir uns alle gut entwickeln konnten.

FÜR SICH SELBST VERANTWORTLICH

Jedes Heimkind war sich selbst verantwortlich. Offiziell hatten die Erzieher die direkte Verantwortung über die zugeordneten Kinder. Doch wenn es etwas Gutes über Heimkinder zu berichten gab, fühlte sich plötzlich jeder verantwortlich, allen voran die Ordensträger. Gab es etwas Negatives zu sagen, hatten dies die Erzieher zu verantworten. Die Erzieher hingegen hatten ein recht gutes Alibi, sich aus der Verantwortung zu ziehen: einerseits kamen die Kinder ja verhaltensgestört ins Kinderheim, andererseits war man als Erzieher in Ausübung einer Berufsrolle nur eine begrenzte Zeit für die zugeordneten Kinder zuständig. Insofern konnten die leiblichen Eltern schon irreparable Schäden an ihren Kindern angerichtet haben, die halt immer wieder zu Tage treten. Aber auch die Erzieherkollegen konnten in der übrigen Zeit, in der man nicht berufstätig im Kinderheim war, etliches falsch machen. Dann gibt es noch die kluge Erkenntnis, dass jedes Menschen Schicksal vom „lieben Gott" vorbestimmt ist und es „muss ja kommen, wie es kommen muss". Die Heimkinder hatten das Nachsehen. Entweder sie kapierten es irgendwann, was man mit ihnen vorhatte oder sie gingen zugrunde, denn

„die Letzten beißen die Hunde".

DIE ROLLE DER ERZIEHER

Die Hauptfunktion der Erzieher bestand im Erziehen von fremden Kindern. Dazu wurden sie beruflich ausgebildet. Die Ausbildung reichte jedoch nicht aus, um eine Masse von Kindern erziehen zu können. Erziehung lässt sich aber auch in einer Ausbildung nicht erlernen, denn Fachwissen allein genügt bei weitem nicht, um Kinder zu erziehen. Von der Tatsache, dass es einen Beruf „Erzieher" gibt, erfuhren wir erst, als wir schon lange aus dem Kinderheim heraus waren und wir konnten uns kaum vorstellen, was unter der Ausbildung „Erziehung" zu verstehen ist. Lernte man da etwa, wie man Kinder „richtig" prügelt oder wie man Heimkind-Berichte zu formulieren hatte, ohne dass das Jugendamt Verdacht schöpfen musste? Lernte man dort, wie man Kinder zu züchtigen hatte, bis sie es nicht mehr wagten, über die Situation im Heim gegenüber Außenstehenden zu reden? Lernte man dort, wie man junge Menschen stets auf ihre elende Herkunft aufmerksam machen musste, um sie zu ehrerbietenden und dankbaren Geschöpfen heranzuzüchten? Dies lernte man sicherlich nicht, doch es gibt ja den gewissen Unterschied zwischen Theorie und Praxis.

Geschlossene Einrichtungen begünstigen die Züchtigung von Kindern, denn die Öffentlichkeit scheint sich kaum dafür zu interessieren, was hinter hohen Mauern passiert. Sie erhält auch kaum Einblick und wenn, dann nur nach Voranmeldung. Zu groß ist das Vertrauen in die „göttliche Überwachung". Doch auch Nonnen und Patres sind nur Menschen, mit allen Fehlern und Schwächen, die Menschen haben können. Niemand ist perfekt. Dies wird man auch nicht durch eine Berufsausbildung, auch wenn es ein typisches Kennzeichen jeden erlernten Berufes ist, keine Fehler mehr in dem gelernten Beruf zu machen.

Die Erzieher wirkten wie Perfektionisten, denn sie selbst machten grundsätzlich keine Fehler. Fehler machten immer die Heimkinder. Diese Fehler mussten ihnen ausgetrieben werden. Prügel galt dabei als Allheilmittel und das nicht nur bis Ende der sechziger Jahre. Die Vielzahl der Kinder stellte den Heimerzieher zwangsläufig in die Situation einer permanenten Überforderung, in der es ihm scheinbar nur noch möglich war, sich auf die **Stufe von Neo-Primitiven** zu begeben, die verzweifelt auf ihre urzeitliche Muskelkraft zurückgriffen, um noch eine Art persönlicher Dominanz zu demonstrieren. Der Heimerzieher war kein Erzieher mehr, sondern bestenfalls ein Heimkindhüter oder Heimkindwärter, vergleichbar mit dem Schafhirten, der seine Schäfchen mit Hilfe von bissigen Hunden zusammenhält. Wer aus der Reihe tanzt, wird auf die „Schlachtbank" geführt.

DAS JUGENDAMT

Eine Sozialarbeiterin des Jugendamtes führte die Heimeinweisung durch, indem sie das Kind vom Elternhaus wegnahm und in ein Kinderheim brachte. Außerdem sorgte sie für die Heimentlassung. Hierzu vertraute sie scheinbar blind den Heimkindberichten der Erzieher des Kinderheims. Sonst kümmerte sie sich nicht um ihre Zöglinge und wenn, dann nur von ihrem Büroschreibtisch aus. Die

Sozialarbeiterin des Jugendamtes war primär als **Sachbearbeiterin** tätig. Ihre zu bearbeitenden Sachen waren die Heimkinder bzw. **Heimkind-Angelegenheiten.** Die Sozialarbeiterin blieb stets auf Distanz gegenüber dem Heimkind. Wir wurden von ihr nicht psychologisch und pädagogisch betreut und erhielten auch von keinem Fachpsychologen eine Erklärung für unsere Heimeinweisung. Von den Heimkindhütern wurde die Sozialarbeiterin gegenüber den Heimkindern als Autoritätsperson bezeichnet, die jederzeit die Möglichkeit hat, die Heimkinder in noch schlimmere Heime zu stecken. Aus diesem Grunde konnten sich die Heimkinder auch nicht der Sozialarbeiterin anvertrauen.

Die Sozialarbeiter sind eingebunden in unsere bürokratische Ordnung, in der Kindeswohl kaum Platz zu haben scheint. Ihre Beurteilung in Sachen Heimkind-Angelegenheiten ist auch Basis für juristische Entscheidungen der Vormundschaftsgerichte. Aus unserer Kindessicht bleibt uns nichts anderes festzustellen, dass Juristen wohl sehr gut mit Paragraphen umgehen können. Sie beherrschen dies wie die **Jongleure** ihre Bälle werfen. Ein ernsthaftes Interesse im Bemühen um Kindeswohl, das heißt zum Beispiel den Kindern adäquate Lebensverhältnisse zu bieten, indem dauerhafte Bezugspersonen zu suchen sind, ist bestenfalls vorgetäuscht. Viel leichter fällt die Einweisung der Kinder in die nächstgelegene oder oft auch weit entfernte geschlossene Einrichtung, die aus Sicht der Juristen und Sozialarbeiter wohl nur die Gewähr dafür bietet, die Kinder zu sozialisieren. Dass es sich dabei um menschliche Pervertiertheit oder im Klartext um menschlichen Schwachsinn handelt, ist psychologischen Fachleuten schon lange bekannt, wenn diese es auch nicht so deutlich ausdrücken, wie ich dies gerade getan habe. Aber wann fragt ein Jurist einmal einen Psychologen? Selbst wenn der Jurist zu der Einsicht gelangt, der Psychologe habe recht, bedeutet dies natürlich noch nicht, dass der Jurist sich diese Entscheidung zunutze macht, denn Recht haben und Recht bekommen sind zwei recht unterschiedliche Tatbestände.

DIE NONNE

Sie entsprach bei weitem nicht den christlichen Idealen und zeigte die gleichen Verhaltensweisen wie die übrigen Erzieher. In ihrer Eigenschaft als Heimleiterin war sie sogar Vorbild für die Erzieher. Ihre Prügel glich einem Trommelfeuer. Bei der Nonne zeigte sich, wie jemand ein im Bewusstsein der Bevölkerung vorhandenes positives Bild in sein negatives Extrem verwandelte und niemand schien es zu merken. Wie sollte es auch jemand merken? In Gegenwart anderer Erwachsener zeigte die Nonne ihr liebstes Gesicht, stets freundlich lächelnd und den Eindruck erweckend, keiner Seele etwas zu Leide zu tun.

GOTT UND TEUFEL

Der „liebe" Gott wurde im Kinderheim zur Förderung des Anpassungsverhaltens eingesetzt. Zunächst glaubten wir auch daran, dass es einen Gott gibt, der allmächtig ist und alles sieht, was man macht. Das jedoch unser Schicksal „gottgewollt" sein sollte, ging uns nicht in unsere Köpfe. Da wir unser Schicksal als so gravierend erlebten, forderten wir quasi Gott heraus. Und siehe da, er ließ uns gewähren. Da der liebe Gott real nicht existent war, musste er an Glaubwürdigkeit verlieren. Gott diente nicht nur der Förderung des Anpassungsverhaltens, sondern sollte auch jede Art von Eigenaktivität hemmen, die nicht göttlichem Gebote entsprach. Obwohl es einen allmächtigen Gott geben sollte, wurde die Existenz eines Teufels nicht geleugnet. Gegen den Teufel, der Verkörperung allen Schlechten und Bösen musste man ankämpfen. Welche verrückte Erwachsenenwelt! Freilich ließ man sich zur Bändigung von Kindern recht viel einfallen.

Die folgende Abbildung 1 enthält zusammengefasst die Sicht der Erlebniswelt ehemaliger Heimkinder in geschlossenen Einrichtungen.

Zwangsgewalt
→ Dem Gebrauch und Missbrauch durch fremde Erwachsene ausgeliefert
→ Kein Recht auf kindliche Autonomie
Ohnmacht
→ Mein Wille zählte nicht mehr
→ Jeglicher Eigenwille wurde gebrochen
→ Der Zweck heiligt die Mittel!
Heimterror
→ Erziehungsprinzip: Befehl und Gehorsam
→ Motto: Bist du nicht willig, braucht es Gewalt
→ Religiöses Leitmotiv: Bete und Arbeite
→ Kommunikationsmodus: Reden ist Silber, Schweigen ist Gold!
Kinder nur noch Objekte
→ Gefühls- und geschlechtslose Wesen
→ Marionetten und menschliche Wracks
Alles reglementiert
→ Es darf gespielt werden
Gegenüber jedem Erwachsenen weisungsgebunden
→ Ein Erwachsener hatte jegliche Autorität
Selbstverleugnung
→ Vergessen der eigenen Herkunft gefordert
Sich selbst verantwortlich
→ Die Letzten beißen die Hunde!
Rolle der Erzieher
→ Auf der Stufe von Neo-Primitiven
→ Heimkindwärter mit Anwendung Kapo-Prinzip
→ Sie machten keine Fehler und wirkten wie Perfektionisten
Das Jugendamt
→ Sachbearbeiter in Sachen Heimkind-Angelegenheiten
→ Zusammenarbeit mit Juristen (Paragraphenjongleuren)
Die Nonne als Heimleiterin
→ Ihre Seelsorge entsprach falschem Gottesverständnis und ließ den Teufel agieren
→ Ihre Prügel glich einem Trommelfeuer
→ Teufel mit Engelsgesicht
Gott und Teufel
→ Das Gute und das Böse im Menschen wirkt
→ Gott dient dazu das Böse durch das Gute zu bekämpfen
→ Der Teufel wird auch von Gott nicht besiegt trotz dessen Allmacht
→„Verrückte" Erwachsenenwelt

1.3. Etwas verändert?

Die Frage, ob sich heute etwas verändert hat an und in den geschlossenen Einrichtungen, klingt hoffnungsvoll. Doch wir würden uns etwas vormachen, wenn wir nur diese Hoffnung hätten. Veröffentlichungen zur Ersterscheinung dieses Buches im Jahre 1992 zeigten auf, dass sich so gut wie nichts verändert hatte. Erst im Jahre 2008 kam es auf Druck des Kinderheimverbandes zur politischen Aufarbeitung durch eine Bundestagskommission und die verantwortlichen Kirchenträger schlossen sich an. Unsere einschlägigen Erfahrungen bestätigen, dass die Änderungsbereitschaft verantwortlicher Instanzen minimal ist, zumal es weiterhin an Kinderrechten im Grundgesetz der Bundesrepublik Deutschland fehlt. Erst im Jahre 1992, nachdem die Kinderheimzeit über zwanzig Jahre hinter mir lag, gelang es mir, mich mit diesen Erlebnissen an die breite Öffentlichkeit zu wenden. Meinen Geschwistern ist dies noch kaum möglich. Und die Mehrheit schweigt weiterhin, denn die Torturen wirken. Deshalb fordere ich weiterhin

HOLT DIE KINDER AUS DEN HEIMEN!

Nicht Berufstätige sind gefragt, sondern Menschen als Vorbilder und das „rund um die Uhr". Wer glaubt, vielen etwas bieten zu wollen, bietet letztlich niemandem besonders viel. Es ist wichtig, sich auf wesentliches zu konzentrieren. Für die Kindererziehung im Kleinkindalter bedeutet dies, sich nur so viele Kinder zu holen, wie man mit seiner gesamten Privatheit erziehen kann. Staatliche Erzieher/innen können dies aufgrund ihres Berufsverständnisses und der Ausrichtung auf einen zeitlich organisierten 8 Stunden-Tag (ein Drittel eines 24stündigen Tages) an fünf Arbeitstagen pro Woche nicht leisten.

1.4. Das Leben ist im ständigen Fluss! Suche nach Identität, wer bin ich?

Nachdem ich vom siebten bis vierzehnten Lebensjahr im Kinderheim war, kam ich anschließend zu Pflegefamilien (insgesamt zwei). Bei den ersten Pflegeeltern waren Günter und ich noch zusammen (ca. ein halbes Jahr), anschließend trennten sich unsere Wege. Bei den zweiten Pflegeeltern wurde mir die schulische Qualifizierung ermöglicht bis zum Abitur. Zu Beginn der zweiten Pflegschaft brach der Kontakt mit meiner leiblichen Mutter. Ich wollte sie nicht mehr sehen, da ich keinerlei Hoffnung hatte, dass sie die Erziehung noch ausüben könnte. Sie kam dann auch nicht mehr. Nachdem ich nach dem Abitur noch erfolgreich studierte, habe ich anschließend das erste Buch geschrieben. Nach Fertigstellung des ersten Buches suchte ich dann wieder den Kontakt mit meiner leiblichen Mutter, um mir und meinen Geschwistern weitere Fragen beantworten zu können. Obwohl meine Geschwister noch nicht bereit waren und zum Teil auch heute noch nicht bereit sind, den Kontakt zu finden, wollte ich es nun doch wissen. Was bewog mich dazu?

Mir fehlte noch ein Teil meiner wahren Identität. Ich wollte Klarheit, wer nun meine Eltern sind und was sie mir in meinem Verhaltensrepertoire mitgegeben haben. Was war dran an der Aussage einer Pflegemutter: „Du kannst nur von Deinem Vater geerbt haben!" Die Pflegemutter hatte einige Male meine leibliche Mutter kennengelernt.

Es gab noch weitere Beweggründe, die mehr oder weniger wichtig sind und die ich hier nicht alle aufzählen möchte. An verschiedenen Stellen dieses Buches werde ich den einen oder anderen Aspekt hervorheben. Letztlich ist es nicht so wichtig, die einzelnen Beweggründe vollständig zu kennen. Es war eine innere Kraft, die mich dazu bewog, meine Eltern zu finden.

Wie suchte ich meine Eltern?

Ich suchte zunächst nur meine Mutter, da ich sie noch in Erinnerung hatte. Meinen Vater kannte ich nicht. Ich setzte an dem Ort an, wo meine Mutter und ich zuletzt wohnten und wandte mich an den damaligen Sozialarbeiter. Dieser schrieb mir sogar recht schnell zurück und teilte mit, dass meine Mutter sich am Tag x nach Ort y abgesetzt hat. Ich schrieb Ort y an. Das zuständige Gemeindeamt schrieb, dass sich meine Mutter zwar angemeldet hatte, aber seit einiger Zeit unabgemeldet verzogen ist. Dann erinnerte ich mich an den Hinweis von Doris, dass sich unsere Mutter zuletzt von Ort Z gemeldet hatte. Ich schrieb Ort Z an und hatte Erfolg. Meine Mutter war dort wohnhaft. Ich war froh, dass die Suche doch ein recht schnelles Ende fand.

Das erste Treffen verabredete ich mit ihr allein. Da sie sehr weit weg wohnte, holte ich mir für eine Nacht ein Hotelzimmer. Sie hat keine eigene Wohnung und lebt in einer Frauenunterkunft einer sozialen Trägerschaft. Die Frauen werden dort von Sozialarbeitern betreut. Insofern suchte auch die betreffende Sozialarbeiterin den Kontakt mit mir. Es klappte auch dann fast alles wie geplant. Was ich nicht planen konnte, war die Auseinandersetzung mit meiner Gefühlswelt. Ich erwartete hier eine gewisse Gefühlskälte und Distanziertheit sowie eine plausible Rechtfertigung für die Tatsache, dass wir im Kinderheim aufwachsen mussten. Doch es kam ganz anders.

Zunächst fing mich die Sozialarbeiterin am Eingang ab und so ergab sich sicherlich verständlicherweise das Erstgespräch mit ihr. Sie gab mir schnell zu verstehen, dass sie so gut wie nichts über die Kinder weiß und so erzählte ich ihr zunächst einmal kurz unsere Lebensgeschichte. Es ergab sich schnell ein Dialog und ich musste feststellen, dass sie meine Mutter mit entgegengesetzten Eigenschaften beschrieb, wie ich sie in Erinnerung hatte. Zwei wesentliche Aspekte waren aus meinem Kenntnisstand die wechselnden Männerbekanntschaften und die Verwahrlosung der Wohnung. Dies hätte sich die Sozialarbeiterin nicht vorstellen können. Bevor sie in die Frauenunterkunft gekommen sei, hätte sie in eheähnlicher Gemeinschaft mit einem Rentner gewohnt. Als dieser verstarb, wäre meine Mutter psychisch zusammengebrochen und konnte sich nicht mehr helfen. Die erforderlichen Behördengänge unterblieben und so musste eine soziale Einrichtung eingreifen. Meine Mutter wäre sehr verschlossen und sie würde sehr wenig über ihre Familie sprechen. Leider hat sie auch kaum Interessen und weiß wenig Sinnvolles anzufangen. Sie lebt quasi in den Tag hinein.

Ob nun meine Mutter durch den Tod ihres letzten Partners psychisch zusammenbrach oder doch schon vorher gewisse Eigenschaften vorhanden waren, die die letztlich herbeigeführte Hilfslosigkeit bei ihr verursachten, blieb zunächst der Sozialarbeiterin verschlossen. Dies klärte sich für mich bei den noch folgenden Gesprächen mit meiner Mutter.

Im ersten Gespräch mit der Sozialarbeiterin bekam ich etliche Weinkrämpfe, weil ich es nicht verstehen konnte, dass meine Mutter als liebe Frau, die keinem etwas zu Leide tut, beschrieben wurde.

Solch einer Mutter musste man die Kinder wegnehmen. Die Sozialarbeiterin bestätigte mir, dass in der Gegend, in der ich aufwuchs, für gewisse menschliche Bedürfnisse kein Verständnis vorhanden war und dass Alleinerziehende diesbezüglich besonders in Augenschein genommen wurden. Die Kinder waren die Leidtragenden. Heute sei dies nicht mehr so. Wie tröstlich, dachte ich. Dennoch gibt es tausende von Kindern noch in geschlossenen Einrichtungen. Ich deutete an, dass es noch vieles zu erzählen gäbe und ich die gemachten Erfahrungen in einem Buch niedergeschrieben habe. Das Buch würde ich ihr gerne zur Verfügung stellen. Sie nahm das Angebot dankend an. Als meine Mutter dann kam, wechselten wir noch einige Worte mit der Sozialarbeiterin und ich verließ dann mit meiner Mutter die Frauenunterkunft und ging mit ihr spazieren.

Meine Mutter gab ihre Verschlossenheit recht schnell auf. Jedoch waren bestimmte Themen noch ein Tabu für sie, zum Beispiel wer ist mein Vater. Sie erzählte mir einiges über ihre Familie und so erfuhr ich, dass sie mit acht Geschwistern aufgewachsen ist und die meisten auch noch lebten und so weiter …

Es folgten noch viele Gespräche. Beim zweiten Gespräch nahm ich Günter mit. Unsere Mutter erzählte wieder viel über ihre Familie und so stellte sich doch recht bald ein klares Bild unserer familiären

Herkunft. Jedoch bedurfte es noch einiger Zusammenkünfte, um zu erfahren, wer mein Vater war. Ich traf mich allein mit ihr. Wir unterhielten uns über irgendein belangloses Thema und meine Mutter meinte auf einmal, dass ich wie mein Vater wäre. Da fragte ich dann wieder nach und sie sagte es mir. Ich konnte es nicht so ganz glauben und ließ es mir dann noch einmal von einem Verwandten bestätigen.

Inzwischen können Günter und ich die Beziehung zu unserer Mutter als relativ normal betrachten, das heißt wir akzeptieren ihre Lebensumstände und sehen auch, dass wir daran wenig ändern können. Es sind im Wesentlichen zwei Eigenschaften, die unserer Mutter bedingt durch die eigene Erziehung nicht vermittelt wurden und zwar zum einen ein notwendiges Maß an Selbstdisziplin und zum anderen ein gewisses Maß an Eigenverantwortung für sich und ihre Kinder und ihr Umfeld. Doch es wäre verfehlt, wenn wir dies nur unserer Mutter zuschreiben, denn für die Kinderzeugung und -erziehung sind nun einmal zwei Menschen erforderlich, sonst hätte die Natur die sexuellen Eigenschaften zur Kinderzeugung nur einem Menschen geben können. Aus dieser biologischen Eigenheit leite ich auch die soziale Verantwortung ab. Das bedeutet auch, dass einer allein mit der Kindererziehung überfordert ist. Das heißt jedoch dann nicht, dass ein Alleinerziehender nicht die Befähigung hätte. Doch es ist notwendig, dass sich in jüngsten Kinderjahren einer als ständige Bezugsperson um das Kind kümmern muss. Warum dies so ist, habe ich in meinem Erstlingswerk eindeutig ausgeführt. Wenn ein Alleinerziehender durch die Kindererziehung überfordert ist, was er bereits ist, wenn er für den Gelderwerb nicht sorgen kann, dann ist es keine Lösung, die Kinder in Verwahranstalten zu stecken, denn etwas anderes sind solche geschlossenen Einrichtungen nicht. Wenn man bedenkt, wie teuer solche Einrichtungen sind und was angeblich ein Heimplatz kosten soll, bleibt es unverständlich, an diesen „Bunkern" festzuhalten. Es sind jedoch Relikte diktatorischer Vergangenheit und auch heute noch fällt es unseren Volksvertretern schwer, diese Relikte abzuschaffen, obwohl es an sogenannten Modellversuchen nicht mangelt (s. auch Bösen 1990 S. 237 ff.). Es müssen dann schon ökonomische Zwänge gegeben sein, um hier aktiv zu werden.

Außerdem sind unsere Volksvertreter in der Regel durch ihre eigene Erziehung auf Distanz zu diesen Einrichtungen eingestellt. Da Volksvertreter in aller Regel erfolgsorientierte Menschen sind, liegt die Frage nahe, womit bei geschlossenen Einrichtungen ein Erfolg zu erzielen wäre. Da ich mich heute in einer erfolgreichen wirtschaftlich ausgerichteten Berufslaufbahn befinde, kann ich mir recht gut vorstellen, wie wenig jene Mitmenschen, die materiell erfolgreich tätig sind, für solche Einrichtungen erübrigen können. Zwar ist durchaus das Interesse artikuliert, doch es begrenzt sich meistens auf finanzielle Aspekte, das heißt man spendet etliche Euros und gibt sich damit zufrieden. Das man dadurch auch solche Einrichtungen stützt und den betroffenen Kindern keinen Gefallen tut, ist nicht erwägenswert. Am deutlichsten wird dieses Phänomen bei Behinderteneinrichtungen. Man ist scheinbar davon überzeugt, dass diese Kinder auch an die Außenwelt müssen, aber scheinbar danach genauso froh, sie wieder dort zu haben, wo sie scheinbar hingehören: in die geschlossene Anstalt. Dieses Phänomen drückt nichts anderes aus wie die Ohnmacht der Erwachsenen (der Behörden), den korrekten Umgang mit Heimkindern oder behinderten Kindern zu finden; korrekt in dem Sinne zu verstehen, dass für diese Kinder dauerhafte Bezugspersonen zu finden sind, die den Kindern Liebe geben.

„Liebe ist das einzige, das wächst, wenn wir es verschenken!
Pflicht ohne Liebe macht verdrießlich.
Verantwortung ohne Liebe macht rücksichtslos.
Gerechtigkeit ohne Liebe macht hart.
Wahrheit ohne Liebe macht kritiksüchtig.
Erziehung ohne Liebe macht widerspruchsvoll.
Klugheit ohne Liebe macht gelassen.
Freundlichkeit ohne Liebe macht heuchlerisch.
Ordnung ohne Liebe macht kleinlich.
Sachkenntnis ohne Liebe macht rechthaberisch.
Macht ohne Liebe macht gewalttätig.
Ehre ohne Liebe macht hochmütig.
Besitz ohne Liebe macht geizig.
Glaube ohne Liebe macht fanatisch.

Wirklich:
Ohne Liebe ist alles in der Welt verkehrt.

Erst Liebe macht alles gut."
                                            (mittendrin 1991 Heft 2 S. 43).

2. Pflegeeltern: Moderne Sklavenhalter oder liebende Ersatzeltern?

Für Pflegeeltern besteht in der BRD eine rechtlich unzumutbare Situation: Sie müssen jederzeit damit rechnen, ihr zugeordnetes Kind wieder herauszugeben. Dies ist sicherlich dann besonders schmerzlich, wenn die Pflegeeltern zu diesem Kind auch eine gefühlsmäßige Bindung hergestellt haben, die beiderseits - also auch vom Kind - getragen ist. Nun kommen die leiblichen Eltern und beanspruchen ihr Kind, als wäre es ihr Eigentum. Hier müssten doch unsere Juristen aufhorchen, denn:

Kinder sind nicht das Eigentum ihrer Eltern!

Auch wenn man nach diesem Ausspruch in der Regel Zustimmung erfährt, ist die Realität auf den Kopf gestellt. Denn da haben scheinbar Vormundschaftsgerichte nichts schnelleres zu tun, als Kinder aus einer harmonischen Umgebung herauszureißen, nur unter dem Vorwand zu den leiblichen Eltern zu müssen, weil diese es inzwischen scheinbar fertigbringen, für geordnete Familienverhältnisse zu sorgen. Kindeswohl hat da keinen Platz. Nein, Kindeswohl ist scheinbar stets nur als Teilprodukt elterlichen Wohls zu sehen. Und Kinderrechte sind Fehlanzeige im Grundgesetz, denn nur das Elternrecht ist fixiert.

Vielleicht tue ich unserer Justiz nun etwas Unrecht, wenn ich feststelle, dass der Begriff Kindeswohl nur ein Fremdwort für Juristen ist. Sicherlich mag es etliche Juristen geben, die durchaus mit dem Begriff Kindeswohl etwas anzufangen wissen, doch letztlich scheitern sie an unserer Paragraphenwelt, denn geht doch das Elternrecht über alles?

Auch dies ist eine Frage, die schnell verneint wird, denn Elternrecht kann nicht in jedem Falle über allem stehen.

Welche Tatbestände könnte es geben, die ein Elternrecht verwirken? Und wenn, für wie lange?

- Eltern, die ihre Kinder körperlich misshandeln, haben auf Dauer ihr Elternrecht verwirkt.
- Eltern, die ihr Kind bei der Geburt aussetzen und es somit dem Zufall überlassen, ob es überlebt, haben auf Dauer ihr Elternrecht verwirkt.

Eltern, die durch Gerichtsbeschluss auf Dauer das Sorgerecht entzogen bekommen, haben ihr Elternrecht verwirkt. Offen ist hierbei, für wie lange? Denn auch Gerichte sind fehlbar. Die Verwirkung des Elternrechts kann jedoch nur wieder durch einen Gerichtsbeschluss rückgängig gemacht werden. Sofern dies von Fachleuten (Diplom-Psychologen) für unwahrscheinlich gehalten wird, haben Eltern ihr Elternrecht auf Dauer verwirkt. Wie ist mit den Kindern zu verfahren?

Sollte es unserer Justiz tatsächlich auf Kindeswohl ankommen, wären die Kinder durch Fachleute, insbesondere Diplom-Psychologen zu befragen. Am zweckmäßigsten von zwei Psychologen, die unabhängig voneinander zu ihrer Meinung gelangen müssten. Den Ausschlag sollte die Meinung des Kindes geben, das heißt will das Kind bei den Pflegeeltern bleiben, soll es dort bleiben. Die Pflegeeltern machen es sich dann zur Aufgabe, das Pflegekind über seine Herkunft aufzuklären und zwar dann, wenn das Kind danach fragt oder spätestens bei Vollendung des sechzehnten Lebensjahres. Warum dies so sein sollte, beschreibt die französische Autorin Martine Lane wie folgt (Damkowski 1991):

> „Es ist absolut notwendig, daß jedes Individuum, ob es in seiner Ursprungsfamilie aufwächst oder nicht, um seine Wurzeln und Ursprünge weiß, ... Seine Erzeuger müssen sich bekennen. Sie haben Spuren hinterlassen, mit denen sich das Kind auseinandersetzen muß. Nur wenn das Kind seine Ursprünge kennt, kann es sein weiteres Leben organisieren."

Die Autorin vergleicht das Pflegekind bildhaft mit einem Baum, der an der Wurzel gefällt wurde. Der Stamm entfaltet sich scheinbar nicht.

Im Jahre 1991 entnahm ich der Tagespresse eine recht kuriose Fallkonstellation (Frankfurter Allgemeine Zeitung FAZ 13.07.1991): Bei der Geburt wurden zwei Kinder vertauscht. Als die Kinder bereits zur Schule gingen, wurde der Irrtum bemerkt. Was wäre hier zu tun?

Sofern Kindeswohl kein Fremdwort sein soll, müssten die Kinder entscheiden. Die Entscheidung sollte jedoch nicht als unumkehrbar verstanden werden. Denn die Wurzeln der Herkunft müssen erkannt werden, damit sich die Kinder ihr Leben organisieren können. Das bedeutet, auch wenn die Kinder zunächst bei ihren „Pflegeeltern" bleiben wollen, sollte die Möglichkeit bestehen, auch bei den leiblichen Eltern wohnen und aufwachsen zu können. Natürlich sind dabei an die Erfordernisse elterlicher Toleranz möglicherweise große Anforderungen gestellt. Ich denke dabei an den Satz: Kinder sind nicht das Eigentum ihrer Eltern. Wiewohl es auch mir schwerfallen würde, solch ein vertauschtes Kind „hergeben" zu müssen. Und ich denke, dass dieses Vertauschen auch wirklich Ausnahmefälle sind.

Sicherlich mag es auch etliche andere „Grenzfälle" oder „Besonderheiten" geben. Als Besonderheit sehe ich zum Beispiel die Zwangsadoptionen in der ehemaligen DDR. Hier eskalierten beispielsweise auch die Presseinformationen in ihrer Ausdrucksweise. Da wird von Grausamkeit an Kindern und Eltern gesprochen und sogar von einem der schlimmsten Verbrechen (Die Rheinpfalz Tageszeitung v. 15.6.1991 Grausamkeit an Kindern u. Eltern). Ich denke, diese Kritik ist total überzogen und sehr befremdend, das heißt die Leute, die diese Kritik äußern, verstehen wenig von dem, um was es geht; zumindest erweckt es den Anschein. Weiterhin bleiben die Missstände im eigenen Land außer Betracht oder zumindest könnte man den Eindruck haben, in der BRD wären behördlicherseits keine Grausamkeiten an Kindern möglich.

Um was geht es?

Es geht darum, dass Eltern bestimmten gesellschaftlichen Normen nicht gerecht werden. Die Normen, die die Gesellschaft vorgibt, sind den Kindern wenig begreiflich. In meinem Fall interessierte es mich nicht, dass meine Mutter wechselnde Männerbekanntschaften unterhielt und auch für kein geordnetes Familienleben sorgen konnte. Die Behörden interessierten sich in keinster Weise dafür, ob wir bei unserer Mutter bleiben wollten oder nicht. Lieber bezahlte die Behörde einen teuren Heimplatz, statt unserer Mutter das nötige Kleingeld zu geben. Unabhängig von irdischen Rechtstatbeständen sind wir aus unserer Sicht als Kind damals einem staatlichen Verbrechen zum Opfer gefallen. Das Verbrechen, das darin bestand, uns von unserer geliebten Mutter wegzunehmen und uns nichts anderes bieten zu können wie Verwahranstalten. Eine seelische Grausamkeit von Amts wegen. Damit war es jedoch nicht genug. Die Verwahranstalten machten uns zu seelischen Krüppeln, denn physische und psychische Gewalt war an der Tagesordnung. Dies kannten wir von unserer Mutter nicht. Für geschlossene Anstalten interessieren sich heute genauso wenig Mitmenschen wie damals. Es ist dann schon recht beschämend, wenn mit dem Finger auf andere gezeigt wird, wobei wir selbst genug Kindesverbrechen verübt haben und weiter verüben werden. Es spielt für ein Kind keine Rolle, ob es als Heim-, Pflege- oder Adoptivkind betrachtet wird. Diese Rollen werden von Erwachsenen zugeteilt. Wenn Eltern ihre Kinder im Stich lassen und einfach weglaufen, haben sie ihr Erziehungsrecht verwirkt, sicherlich nicht auf Dauer. Doch was sind das für Vorbilder?

Da Kinder nicht als Eigentum der Eltern betrachtet werden können, hat auch der Staat eine Mitverantwortung für die Kinder, auch wenn diese Mitverantwortung vielleicht im Hinblick auf unsere materialistische Ausrichtung etwas in den Hintergrund treten mag. Die ehemalige DDR hat ihre Mitverantwortung so definiert, dass Kinder im Sinne des Sozialismus zu erziehen sind. Man mag zu dieser Zielsetzung stehen wie man will, sie ist zunächst einmal festgelegt worden. Welche Ziele hat die BRD?

In unserem Grundgesetz habe ich noch keinen Passus gefunden, dass Kinder im Sinne der Demokratie zu erziehen sind. Es ist ausgeführt, dass Ehe und Familie unter dem besonderen Schutz des Staates stehen. Kinder gehören zur Familie. Wenn eine Familie zerstört wird, indem die Kinder weggeholt werden, ist es ein Armutszeugnis, wenn diese Kinder nur in Verwahranstalten gesteckt werden. In dieser Hinsicht ist die BRD noch ein Entwicklungsland.

Da mir als Kind gesellschaftliche Normen noch fremd sind, wäre mir mehr damit gedient, in eine Familie integriert zu werden. Ich möchte natürlich nicht leugnen, dass auch in einer neuen Familie seelische Grausamkeiten vorkommen können. Es wäre auch ein Trugschluss davon auszugehen, Kinder vor jeglicher seelischer Grausamkeit schützen zu können. Wichtig ist jedoch bei alledem, dass Kinder ihre Erlebnisse aufarbeiten können und Ansprechpartner haben, die viel Verständnis aufbringen. Dann lassen sich auch seelische Grausamkeiten in gewisser Weise heilen. Dazu vergeht natürlich auch viel Zeit. Gutmachen lassen sich seelische Grausamkeiten jedoch nicht. Wie sollte das gehen? Es ist bestenfalls eine gewisse Genugtuung, wenn solches Unrecht nicht weiter passiert und die Verantwortlichen dafür einstehen müssen. Und ob wir letztlich mehr Schaden als Nutzen von unserer Vergangenheit gehabt haben, wer kann dies beurteilen? Letztlich wohl nur wir selbst. Vielleicht ist gerade unsere Vergangenheit für uns auch eine heilsame Lehre gewesen.

Was blieb uns auch anderes übrig, als uns auf unsere „eigene Beine" zu stellen und das Beste draus zu machen? Mir ist es in einem weitaus stärkeren Maße gelungen, wie es meine Herkunft vermuten lässt. Mein Dank gilt dabei insbesondere auch den Pflegeeltern, die ihren Beitrag geleistet haben für etwas, was sie ebenfalls nicht für möglich hielten. Schade nur, dass Pflegeeltern so wenig Bedeutung staatlicherseits zukommt. Die in Aussicht gestellte Pflege auf Zeit entspricht weder dem Bedürfnis des Kindes nach einer dauerhaften Bezugsperson noch dem Bedürfnis der Pflegeeltern eine dauerhafte Ersatzmutter und ein Ersatzvater sein zu können. Diese Bedürfniskonstellation wird zu leicht durchbrochen von Behörden, die unbedingt eine Pflegestelle finden müssen, weil an und für sich anständige und fleißige Jungs und Mädels aus dem Heimtrott heraussmüssen, wie im Falle von meinen Geschwistern und mir. Dann interessieren auch die Motive der Pflegeeltern nicht mehr. Pflegekinder stehen dann zu leicht in der Gefahr, als „billige" Hausarbeitskräfte ge- und verbraucht zu werden. Dies ist nichts anderes als moderne Sklavenhalterei. Dafür sollten sich auch Pflegeeltern zu schade sein. Sie sollten zu ihrer originären Bedeutung stehen, auf Dauer Ersatzeltern zu sein und nicht nur auf Zeit. Das sollte zu Beginn der Pflegekindbeziehung den Behörden deutlich gemacht werden. Wenn die Behörden hier keine Einsicht haben, kann ich den Eltern nachfühlen, die beispielsweise 15.000 Euro und mehr ausgeben, um sich ein Kind aus der 3. Welt zu adoptieren (siehe zum Beispiel Website Eltern für Kinder e.V., Staatlich anerkannte Adoptionsvermittlungsstelle https://www.efk-adoptionen.de/adoption/kosten/). Dies ist eine klare erzieherische Ausrichtung, die von vornherein die Gewähr dafür bietet, auf Dauer angelegt zu sein.

Auch wenn es aus Erwachsenensicht viele für unmoralisch halten, Kinder aus der 3. Welt zu „kaufen" und an begüterte Eltern zu „verkaufen", ist dies aus Kindessicht kein Thema. Dem Kind eröffnet sich eine Chance, die es sonst nie hätte. Aber welche Sozialarbeiter interessiert so etwas? Dabei sind sie selbst auch nichts anderes als „Kindesvermittler", werden dafür jedoch nicht so gut bezahlt. Und jemand, der Geld hat, den interessiert es recht wenig, wieviel er für etwas hinlegen muss. Natürlich dürfte er auch froh sein, etwas ohne Geld zu bekommen. Doch dafür ist ein anderer „Kaufpreis" fällig, nämlich der Preis, den Vorstellungen von Behördenmenschen zu entsprechen. Und dieser Preis ist für viele weitaus „teurer" als irgendeine Summe Geld.

3. Sozialarbeiter wursteln sich durch! Ein Kind hat noch keine Kinderrechte?!

Wenn wir uns rückwirkend die Aktivitäten unserer Sozialarbeiter betrachten, können wir zunächst - wenn auch noch etwas oberflächlich - nur feststellen, dass sie sich mehr oder weniger erfolgreich durchgewurstelt haben.

Jedes Kind, das vom Büroschreibtisch in die „Aktenablage" wandert, ist „versorgt". Sollten unerwarteterweise die Pflegeeltern vorsprechen, ist die alte Akte schnell wieder griffbereit, nur um ggf. noch einmal drauf hinzuweisen, wie verhaltensgestört ja das Kind war und auch noch ist usw. Vielleicht wird abschließend noch einmal deutlich gemacht, dass es halt so seine Zeit braucht, bis sich das Kind „in den Griff bekommt" und es war ja auch das Beste von den vielen, die noch in Heimen sind. Die Pflegeeltern sind erst mal ruhiggestellt, die Sozialarbeiter können sich nochmal eine „Verschnaufpause" gönnen und sich schon mal mit dem Gedanken vertraut machen, wohin das Kind kommt, wenn es dann gar nicht klappt.

Sicherlich kein leichter Job, doch auch dieser Job als Sozialarbeiter/in in Jugendämtern wird zur Routine, härtet ab, macht betriebsblind, macht gefühlskalt. Eigenschaften, die der Welt eines Kindes fremd sind und genau das Gegenteil darstellen: ein Kind ist gefühlsbetont, sensibel, spontan. Eigenschaften, die ein Kind kennzeichnen und die von Behörden „verachtet" werden. Ein Kind hat sich danach anzupassen, muss noch lernen, muss gehorchen, darf keine Gefühlsausbrüche haben (im Beamtendeutsch: jähzornig) usw.

Ein Kind ist definiert wie ein „Maßanzug von der Stange".

Obwohl doch in jedem psychologischen Lehrbuch darauf hingewiesen wird, wie individuell jedes Lebewesen ist. Freilich scheint die Individualität durch den Verlust der Eltern kaum mehr gegeben. Bei der Vielzahl der Kinder wäre es auch nicht zu schaffen, diese individuell zu betreuen. Bleibt nur ein „Massenprodukt", herzurichten in einer Anstalt mit einem „wohlgeordneten Chaos", den Nachwuchsanstalten für Klöster und Kirchen. Doch es gibt auch noch Alternativen, denn es bewerben sich mehr Eltern um Pflegekinder, als Kinder in Heimen sind. Außerdem

> *„Ungewollt kinderlos sind in der Bundesrepublik mehr als 1,2 Millionen Paare"* (pro familia Heft 6/90 S. 25).

Welches unerschöpfliche Potential, um beispielsweise 100.000 Heimkinder unterzubringen.

Doch so einfach wie sich dies der „Laie" wohl denken mag, kann es natürlich nicht gemacht werden. Schließlich stehen da etliche Heimeinrichtungen von Kindern zur Verfügung. Die kann man doch nicht alle leermachen. Dann muss natürlich genau das Vorleben der potentiellen Eltern ausgefragt werden. Nicht dass da jemand dabei ist, der aus niederen Motivlagen heraus ein Kind zu sich nehmen will. Schließlich ist es scheinbar auch bedeutsam zu wissen, ob die Eltern auch ohne Kinder leben können. Vielleicht steckt da auch die Angst dahinter, dass Pflege- bzw. Adoptivkind könnte von den sexuellen Aktivitäten der Eltern etwas mitbekommen. Da ist es dann besser, Eltern zu haben, die sich ein „weiteres" Leben auch ohne Nachwuchs vorstellen können, die zum Beispiel getreu der katholischen Lehre auf sexuelle Aktivitäten verzichten. Ob die Eltern es dann tatsächlich machen, ist eine Angelegenheit, die nicht nachweisbar ist. Eigentlich sollte das Sexualleben ja niemanden etwas angehen. Und die Frage, ob man sich ein Leben ohne Kinder vorstellen könne, betrifft nun einmal - wenn auch sehr indirekt ausgedrückt - aber doch präzise genug, das Sexualleben der potentiellen Eltern. Ich denke, da haben wir leider auch heute noch Verhältnisse wie im 3. Reich. Die Frage, ob ein Leben ohne Kinder vorstellbar ist, stellt eine behördliche Arroganz dar und zeugt zugleich von immensem Dilettantismus. Auch hier muss ich den Eltern wieder zustimmen, die sich bezüglich solcher Amtsanmaßungen lieber für 15000 Euro und mehr ein Kind aus der dritten Welt holen.

Die aufgezeigte Frage, die wohl nicht von allen Behörden gestellt wird, sollte exemplarisch aufzeigen, welches Missverhältnis in der Behördenlandschaft existiert. Ich will da nicht wissen, was sich mancher „Behördenguru" noch alles so herausnimmt, um an die „wahre" Motivlage von Eltern zu kommen. Ich habe mir Anfang der 1990er Jahre selbst noch einmal bei einer beliebigen Behörde Aufklärung verschafft: das Gespräch habe ich in aller Freundlichkeit vorzeitig beendet, dies den Sozialarbeiter jedoch nicht spüren lassen. Es ist zwar nun lange her, doch die grundsätzlichen Aspekte sind nach wie vor akut. Folgende Aspekte wurden sinngemäß besprochen:

Ich interessiere mich für ein Pflegekind, da ich selbst eines war und möchte heute auch meinen Beitrag leisten, einem Kind zu einem Startsprung zu verhelfen. Ich bin bei einem Onkel groß geworden, da meine Eltern früh verstarben (dies war leider gelogen, aber ich wollte nicht meine wirkliche Lebensgeschichte erzählen – ich wäre dann auch nicht so zügig mit meinem Anliegen vorangekommen). Leider, sagte ich weiter, bin ich ein vielbeschäftigter Mann, sodass ich wenig Zeit für den Sprössling hätte, aber das besorgt meine Frau, zur Zeit zwei eigene Kinder. Mein monatliches Einkommen ist überdurchschnittlich, habe ein eigenes Haus und interessiere mich für ein Arbeiterkind.

Der letzte Satz brachte den Sozialarbeiter in Stimmung. „Um Gottes willen, **ein Arbeiterkind bei ihrem Einkommen und einem eigenen Haus – unmöglich!**". Das Arbeiterkind würde mit Lebensumständen konfrontiert, die es selbst nie erreichen würde. Sollte das Kind dann wieder zu seinen Eltern zurückmüssen, wären die Probleme vorprogrammiert.

Ich musste mich bei diesen Worten arg zurückhalten und dachte nur an den „dummen", naiven Sozialarbeiter, den ich vor mir hatte. Ich fragte etwas hilfesuchend, woher er denn diese Weisheiten hätte, die er da von sich gebe. Nun, er hätte an einer Fachhochschule Sozialarbeit studiert und wisse dies aus den inzwischen vorliegenden Erfahrungen auch einzuschätzen. Bei diesen Erfahrungen sind natürlich die Meinungen der übrigen Behördenmenschen mit einbezogen. Ich erwiderte mit meinen Studienkenntnissen und verwies auf den Schwerpunkt Verhaltenswissenschaft, wonach es inzwischen eindeutig ist, das **menschliches Verhalten letztlich nicht vorhersagbar** ist und es in der Erziehung auch keine Patentrezepte gibt. Ich fragte, ob er mir keinen behördlichen Psychologen benennen könnte, der meines Erachtens die Sachlage etwas treffender beurteilen könnte. Nein, das wäre nicht nötig, schließlich besuche er an einer Erziehungswissenschaftlichen Hochschule einschlägige Veranstaltungen. Er empfehle mir ein Kind eines Lehrerehepaares, das diese Lebensumstände gewöhnt wäre und dann auch recht problemlos ist.

Ein problemloses Kind? Wo gibt es denn sowas, fragte ich mich. Nun beließ ich ihn in dem Glauben und fragte, wie ich denn dann schnell zu dem Kind käme, da ich wenig Zeit hätte. Zeit müsste ich schon mitbringen. Wie sollten wir sonst ihre Glaubwürdigkeit feststellen? Ich wiederholte nochmal meine Motivlage. Doch es war nichts zu machen. Er meinte dann auch, wenn potentielle Pflegeeltern nicht häufig vorsprechen, haben sie kaum eine Chance. Sie müssen zwar nicht jeden Tag hier vorbeikommen, aber eben oft. Wie oft, ließ er natürlich offen. Irgendwann klappt es halt dann.

Welche tolle Marschrichtung, dachte ich. Schade, dass auf diese Art dann doch vielen potentiellen Pflegekindern der Weg in eine bessere Zukunft verschlossen ist. Ist da möglicherweise auch der Neid zu spüren gewesen? Ein Arbeiterkind, das später mal besser dastehen könnte, wie der Sozialarbeiter?

Ich erinnerte mich an die Aussagen meiner Pflegemutter, die von der Leiterin des Jugendamtes informiert wurde, mich nicht auf die weiterführende Schule zu schicken und eine Lehre machen zu lassen, denn sie (die Pflegefamilie) habe eh schon zu viel für mich getan. Glücklicherweise traf ich auf Lehrer, die ihren Bildungsauftrag unabhängig vom Schicksal eines Kindes gesehen haben und bei denen Neid kein Handlungsmotiv war.

Hätte ich dem Sozialarbeiter meine wahre Geschichte erzählt, hätte er sie womöglich nicht geglaubt. So war die Diskussion auf etwas gehobenem Niveau verlaufen. Freilich kann ich auch hier wieder nun nicht alle Behördensozialarbeiter gleichsetzen.

Auch hier wieder eine exemplarische Geschichte, die sich leider doch allzu häufig wiederholen würde:

Ein Arbeiterkind in einer Akademikerfamilie –

wohl unmöglich?

Aber auch der umgekehrte Fall –

ein Akademikerkind in einer Arbeiterfamilie -

wohl auch unmöglich?

Welche einfallslose Behördenwelt?

Nun wäre es trotz der sehr eingeschränkten Kenntnislage vieler Sozialarbeiter in Jugendämtern wenig hilfreich, diese darauf hinzuweisen. Denn was Behördenmenschen kaum hinnehmen können, ist die einfache Tatsache, dass sie auf dem Irrweg sind. Es kann dann aussichtslos werden, zu einem Kind zu kommen. Viele potentielle Pflegeeltern geben dann nach und sagen schließlich zu allem Ja und Amen. Sie akzeptieren bedingungslos. Der Behördenmensch freut sich insgeheim, dass seine Pseudoweisheiten, die er natürlich zum Besten gibt, auf Widerhall stoßen und prüft dann wohlwollend die Angelegenheit. Es haben halt nur wenige 15.000 Euro und mehr, um ein Kind woanders her zu holen. Doch da gibt es inzwischen auch Vereine, an die sich Pflegeeltern wenden können, sog. Pflegekindervereine, in der Regel Zusammenschlüsse von Pflegeeltern. Es ist sicherlich empfehlenswert, erst einmal dort nachzufragen. Vielleicht entfällt dann der Behördenmarathon.

Ich möchte aber auch darauf hinweisen, dass es sicherlich Sozialarbeiter in Behörden gibt, die erkannt haben, welche originäre Aufgabe Ersatzeltern zukommt. Wäre da nicht noch ein Pferdefuß? Ja, unsere Gesetzeslage. Solange nämlich Eltern ihr Kind nicht freigeben, besteht zumindest immer die Aussicht, das Kind eines Tages zurückgeben zu müssen. Solcherlei Entscheidungen sind dann oft beim Behördenleiter angesiedelt, der zumeist am allerwenigsten von fundamentalen kindlichen Bedürfnissen versteht. Behördenleiter, die vornehmlich aus der juristischen Laufbahn kommen und so viel von Psychologie verstehen wie mein Nachbar um die Ecke, das heißt vielleicht hat der Behördenleiter Verständnis, wahrscheinlich aber nicht. Der Gipfel besteht dann darin, eine „Galionsfigur" voranzustellen:

> *„Oberbürgermeister ... stellte sich schützend vor seine Beamten,*
> *... "*
> (Schröder 1991 S. 9).

Juristisch Ausgebildete wissen wohl am besten was es heißt, nicht gesetzestreu zu sein. Sie haben nicht erst durch ihre Ausbildung vermittelt bekommen, was es bedeutet, konservativ zu sein. In aller Regel trifft man bei Juristen auf sehr anpassungswillige und -fähige Mitmenschen, die gerade kein Verständnis für unangepasste Menschen haben. Was anderes sind Heimkinder? Wem will man diese zumuten?

Gäbe es da nicht Mitmenschen, die das „Abenteuer" auf sich nehmen wollten? Nun, warum nicht? Aber im Grundgesetz ist das Elternrecht fixiert. Ein Kind hat danach keine Rechte, bestenfalls Pflichten. Da jedoch auch ein Kind schon denken kann, wird es halt in einem bestimmten Alter befragt und man kann ja so tun, als könnte es nochmal zu seinen Eltern zurück, auch wenn schon lange feststeht, dass dies nicht mehr möglich ist.

Sollte das Kind zu seinen Eltern zurückwollen, wird es kritisch betrachtet bezüglich seiner „Familienfähigkeit". Auch dieser Begriff ist ein juristisches Konstrukt, das davon ausgeht, Kinder zu haben, die nicht familienfähig sind. Juristen und sonstige Fachleute, die dies postulieren, sind abartig und seelische Verbrecher. Allein der Gedanke daran, Kinder seien möglicherweise nicht familienfähig, ist absurd. Leider dürfte das Konstrukt „Familienfähigkeit" auch darauf hinweisen, weshalb es noch so viele geschlossene Einrichtungen gibt. Es wird ja gerne damit argumentiert, dass bei den Kindern erst die Voraussetzungen geschaffen werden müssen, um sie in eine Pflegefamilie zu geben. Welche abartige Welt?

Kinder werden nicht dadurch familienfähig, wenn sie einer Familie ferngehalten werden. Glücklicherweise erkannte in meinem Fall das Jugendamt, mich nun im 15. Lebensjahr in eine Pflegefamilie gehen zu lassen statt in eines dieser kindesverachtenden Erziehungsheime mein Dasein fristen zu müssen. Doch es bedurfte einer immensen Anpassungsleistung und Disziplin meinerseits, um dem drohenden Damoklesschwert zu entgehen. Ich konnte dies nur meiner Eigenliebe verdanken und dem dadurch möglichen Vertrauensvorschuss an mögliche liebende Pflegeeltern, die ihrem Pflegekind ihre ganze Wertschätzung entgegenbrachten.

Sind die Kinder dann in einer Pflegefamilie untergebracht, sollten sie dort bleiben. Die Eltern, die es zulassen, dass Kinder in Heimen und zu Pflegeeltern hin- und hergeschoben werden, haben ihr Elternrecht verwirkt. Dem Kind ist das nicht verständlich zu machen. Dies versteht es erst als Erwachsener, sofern es sich mit dem gesellschaftlichen Normensystem vertraut gemacht hat. Geschwisterkinder sollten zudem zusammenbleiben. Die Gewähr dafür bieten wohl nur die sogenannten Kinderdörfer.

Ich habe heute als Erwachsener Verständnis dafür, dass man nicht vier Geschwister gleichzeitig zu Pflegeeltern geben kann, habe jedoch kein Verständnis dafür, Geschwister auseinanderzureißen. Sie hätten ihren Platz in einem Kinderdorf, sei es ein SOS- oder Albert-Schweitzer-Kinderdorf. Skandalös war es für mich, als ich als Erwachsener erfuhr, dass es noch ein Geschwisterkind gibt, zu dem keinerlei Kontakte existieren. Hierbei fällt mir dann nur noch ein: Denn sie (die Sozialarbeiter) wissen nicht was sie tun! Sie gehen den Weg des geringsten Widerstandes. Sie wursteln sich durch. Gott möge ihnen vergeben; ich habe meinen Frieden damit gefunden.

4. Erzieher in Kinderheimen: Ordnung schaffen im kindlichen Chaos. Kinder haben noch keine Rechte!

Aufgrund folgender Pressenotiz im Jahre 1991 schreibt ein ehemaliges Heimkind einen fiktiven Brief an seine Heimerzieher:

Heime befürchten Erziehungsnotstand

Den katholischen Heimen für Jugendhilfe in ▓▓▓▓ droht nach den Worten ihres Geschäftsführers ▓▓▓▓ ein Erziehungsnotstand. In den 22 Einrichtungen sei der Bedarf an Betreuungsplätzen im vergangenen Jahr um 100 gestiegen, in einigen Heimen gebe es bereits Wartelisten. Die 1000 pädagogischen Mitarbeiter für die 1600 Kinder und Jugendliche reichten nicht aus, um eine ausreichende Betreuung zu gewährleisten, sagte ▓▓▓ gestern in ▓▓. Eine wesentliche Forderung der Arbeitsgemeinschaft Katholischer Einrichtungen sei die Verbesserung der Arbeitsbedingungen für die Beschäftigten in Heimen, so der stellvertretende Vorsitzende ▓▓▓▓. Überstunden, Wochenendarbeit und lange Arbeitszeiten seien schon seit längerem an der Tagesordnung. Ein Weg zur besseren Betreuung sei die Senkung der Gruppengröße von derzeit zehn auf acht Kinder für vier Erzieher.

▓▓ forderte als „Anreiz" eine Zulage zwischen 400 und 500 Mark für die Erzieher in Jugendheimen. Außerdem könnten mit einer berufsbegleitenden Zusatzausbildung neue Mitarbeiter gewonnen werden.

Abbildung 2   Heime befürchten Erziehungsnotstand

4.1. Ein Brief an die Heimerzieher von damals

„An den Geschäftsführer, die Heimerzieher/innen,
was hätte ich Euch damals alles gesagt, wenn ich nur gekonnt hätte. Ihr habt mir den Mund verboten. Ihr hieltet mich eingesperrt, umgeben von hohen Mauern. Ihr habt mich geprügelt und geschlagen wie einen Hund. Als ich das Heim verließ, war ich ein seelischer Krüppel. Dies interessierte Euch nicht mehr. Was ich dann geworden bin, verdanke ich meiner „asozialen" Herkunft und dem Aufwuchs bei Pflegeeltern. Meine leiblichen Eltern gaben mir Liebe, die Ihr nie hättet geben können. Meine Pflegeeltern gaben mir eine gewisse Geborgenheit, die Ihr mit Füßen tratet. Ihr habt mir meine schmutzige Wäsche, die ich angeblich beim Heimeintritt getragen haben soll, vor meine Füße geworfen. Ihr habt mich fast totgeprügelt, bis ich als winselnder Hund vor Euch lag. Faules Subjekt habt Ihr mich genannt. Zur Fleisch-Show wurden wir „ehrenwerten" Bürgern vorgeführt, alles im Dienste der Medizin. Was ich sonst noch zu sagen hätte, würde Bände füllen. Es waren über 6 Jahre menschlichen Terrors, denen ich ausgesetzt war. Ich möchte Euch nicht mehr sehen, auch nicht vor einem irdischen Gericht. Schert Euch zum Teufel. Grüßt mir Euren Oberteufel, im Gewand einer Nonne.

In jüngster Zeit sprechen Eure Teufel wieder. Ihr befürchtet Erziehungsnotstand. Ihr seid selbst der Erziehungsnotstand. Ihr wollt verbesserte Arbeitsbedingungen, keine Überstunden, keine Wochenendarbeit, keine langen Arbeitszeiten. Was habt Ihr denn gearbeitet? Ihr habt doch uns arbeiten gelassen. Wir putzten die Zimmer, wir deckten die Tische, wir wuschen unsere Strümpfe, wir machten unsere Betten usw. Wie und womit wollt Ihr uns betreuen? Reicht die Zeit nicht mehr, um uns mundtot zu machen? Ist die Gefahr zu groß geworden, nicht mehr als seelische Krüppel das Heim zu verlassen? Müssen etwa Eure Mauern erneuert werden? Ihr fordert mehr Geld. Wofür? Macht eine Anleihe beim Teufel, der hat Geld genug.
Solltet Ihr kein Interesse mehr am Pakt mit dem Teufel haben, versucht es nicht mit Gott zu probieren. Gott hat uns die Erde zu

unserem Nutzen überlassen. Er beobachtet uns aus weiter Ferne. Versucht deshalb, Euren eigenen Kopf zu gebrauchen:

- *Reißt die Mauern ab!*
- *Betreut die Kinder in Pflegefamilien!*
- *Holt Euch die Kinder, die Ihr braucht und erzieht sie mit Eurer gesamten Privatheit.*
- *Nicht Berufstätige sind gefragt, sondern Menschen als Vorbilder und das „rund um die Uhr".*
- *Gebt Euren Kindern Liebe!*
- *Seid echte Ersatzeltern und keine „Erzieher".*
- *Legt ab Eure Teufelskrallen, das heißt prügelt die Kinder nicht windelweich.*
- *Kinder sind in aller Regel nicht problemlos. Beratet Euch mit Mitmenschen in gleicher Situation. Denkt in erster Linie an Eure Vorbildfunktion und gebt auch mal Kindern das Kommando.*

Es grüßt das Kind von damals, das Kind von heute, das Kind von morgen. Wir treffen uns bei Gott.
Es ist nie zu spät. Drum fangt an, aber lasst mich in Ruhe. Meine Wunden sind noch nicht verheilt. Gott wird sie heilen."

Dieser exemplarische Brief wirkt auf Unbetroffene sicher sarkastisch. Viele Erzieher werden die Welt nicht verstehen und denken: wohl nur ein Einzelfall. Jeder sucht sich seine rechtfertigenden Momente und jeder versucht, sich seiner „Haut zu retten" solange wie möglich. Ich möchte nicht leugnen, dass auch Erzieher versuchen, ihr Bestes zu geben. Doch sie verkennen die Situation, in der sie dies versuchen. Die Geschlossenheit einer Einrichtung begünstigt die Züchtigung von Kindern (heute werden wahrscheinlich mehr Psychopharmaka verabreicht), fördert Willkür und schafft kriminellen Nährboden. Menschen sind keine perfekten Wesen, sie sind fehlerhaft. Das gilt auch für hohe Würdenträger, wie dies nicht nur das 3. Reich zeigte. Geschlossene Einrichtungen müssten daher für Kinder verboten sein. Diese Schlussfolgerung wird hinsichtlich der Tatsache, dass die meisten geschlossenen Einrichtungen in kirchlicher Hand sind, wohl Utopie bleiben, denn die Kirchen haben die grundgesetzlich garantierte „Narrenfreiheit".

4.2. Geschlossene Einrichtungen, Kinderkäfige

Demokratische Normen sind tabu, es sei denn sie passten zufälligerweise in das kirchliche Normengefüge. Zudem ist Demokratie ja für viele Vorgesetzte nur unter Gleichen praktizierbar. Jeder schafft sich damit seine Welt, die Vorgesetzten, die Untergebenen, die Sozialarbeiter, die Erzieher. Wo bleiben die Kinder? Diese werden von den untersten Instanzen, den Erziehern, versorgt. Sie treffen auf Kinder, die superaktiv sind, zudem spontan, gefühlsbetont, egoistisch, unangepasst, wild, laut usw., Eigenschaften, die vielen Erwachsenen fremd geworden sind, bestenfalls mit Chaos vergleichbar. In diesem kindlichen Chaos müssen nun Erzieher Ordnung schaffen. Dies ist scheinbar nur möglich nach dem militärischen Grundsatz: Befehl und Gehorsam. Befehlen tun die Erzieher, zu gehorchen haben die Kinder. Und sind die Kinder nicht willig, wird Gewalt angewendet. Es hört ja niemand. Schließlich haben wir nicht umsonst hohe Mauern um uns herum. Und von Zeit zu Zeit überzeugen sich ja unsere Leitungsstellen, wenn auch nach Voranmeldung, von unseren „fröhlichen" Kindern, die lustig singen und den Eindruck erwecken, als liebten sie die Ordnung über alles:

> „Es ist... als ob wir mit Wissen und Willen Menschen werden sollten, die ‚Ordnung' brauchen und nichts als Ordnung, die nervös und feige werden, wenn diese Ordnung einen Augenblick wankt, und hilflos, wenn sie aus ihrer ausschließlichen Angepasstheit an diese Ordnung herausgerissen werden. Das die Welt nichts weiter als solche Ordnungsmenschen kennt - in dieser Entwicklung sind wir ohnedies begriffen, und die zentrale Frage ist also nicht, wie wir das noch weiter fördern und beschleunigen, sondern was wir dieser Maschinerie entgegenzusetzen haben, um einen Rest des Menschentums frei zu halten von dieser Parzellierung der Seele, von dieser Alleinherrschaft bürokratischer Lebensideale"(Weber 1924 S. 414).

Das schrieb der bekannte deutsche Soziologe Max Weber im Jahre 1924. Lang ist es her. Geschlossene Einrichtungen fördern den Ordnungsmenschen. Das hat sich schon mancher Staatspräsident zu Nutze gemacht. Kinder, denen nichts mehr bleibt, als auf das Belohnungspotential des Staates zu reagieren, da dieser der einzige ist, der noch in Aussicht stellt, in materieller „Wohlordnung" zu leben. Kinder in geschlossenen Einrichtungen zu halten bedeutet **Kinder in Käfigen** zu halten. Ab und zu öffnet sich das Türchen: zum Kirchgang, zum Schulbesuch, zum Arztbesuch, zu den Eltern - sofern vorhanden -. Dann irgendwann die große Freiheit, mit der man zunächst kaum etwas anzufangen weiß. Es begegnen uns vielerlei Symptome oder Syndrome, Erlebnisse, die das ehemalige Heimkind zwangsweise an die frühere Käfighaltung erinnern. Viele sehnen sich unbewusst an die frühere Käfighaltung zurück, müssen dafür kriminell werden, um in den Erwachsenenkäfig zu kommen. Für manche ist dies eine heilsame Lehre, denn der Erwachsenenkäfig bietet doch nicht das, was der Kinderkäfig bot. Und was ist jedoch, wenn sich der Erwachsenenkäfig als der „bessere" darstellt? Da haben wir ihn dann wieder: den Teufelskreis.

Geschlossene Einrichtungen für Kinder gehören verboten.

Welche Alternativen - außer Pflegeeltern - es gibt, habe ich in meinem Erstlingswerk festgehalten, das jedoch nicht mehr verlegt wurde (Bösen 1990 S. 243). Inzwischen gibt es genügend andere Fachliteratur, die sich mit alternativen Erziehungsoptionen beschäftigen.

4.3. Die politische Verantwortungskette

Meine Forderung nach einem Verbot geschlossener Einrichtungen für Kinder nährte Hoffnungen in mir, als im Jahre 2008 die Bundestagskommission „Runder Tisch Heimerziehung der 50er und 60er Jahre" ins Leben gerufen wurde. Doch meine Hoffnungen zerfielen als ich den Abschlussbericht dieser Bundestagskommission zu lesen bekam. Denn es wurde keineswegs thematisiert, dass Kinderheime abzuschaffen sind, sondern die durch die Heimerziehung bedingten Fehler zu bekämpfen sind. Kraft getroffener Feststellungen über begangenes Unrecht blieb den betreffenden verantwortlichen Trägern von Heimeinrichtungen, vornehmlich den Nachfolgeeinrichtungen, das Anerkenntnis der Schuld ihrer Vorgänger mit der Bitte um Vergebung.

Während sich die staatlich geführten Heime auf das gesetzliche Verjährungsrecht beriefen, gab es dazu im christlichen Sinne keine biblische Grundlage, da die Bibel für Christi Lehre keine Verjährung kennt, sondern nur die Vergebung nach Bekundung von Reue. Der Runde Tisch, politisch um Schadensbegrenzung bemüht, legte dennoch ein finanzielles Hilfsprogramm auf. Es kam für mich nicht in Frage, denn ich brauchte es nicht mehr. Es blieb in mir der seelische Schaden, der durch Geld von Täterorganisationen nicht wieder gut zu machen ist. Nachdem ich dann zur Kenntnis nahm, dass die Schuldfrage nicht zentral klärbar ist und auf das Verantwortungsprinzip abgestellt wurde mit vielen Verantwortlichkeiten, wurde mir persönlich klar, dass ich meine seelische Heilung nur mit meinen eigenen Mitteln und der Liebe meiner Nächsten voranbringen kann.

Es bleibt in der Politik im Schadensfalle eine Zielsetzung quasi als ungeschriebenes Gesetz bestehen, und zwar Verantwortung auf viele Schultern zu verteilen, um letztlich niemanden mehr persönlich haftbar zu machen.

Im Abschlussbericht der Bundestagskommission finden sich die folgenden Verantwortlichkeiten, auch als **Verantwortungskette** bezeichnet (RTH2010 S. 29/30):

Es ist ganz offensichtlich, dass kein Interesse seitens politischer Vertreter besteht, jemanden persönlich in die Verantwortung zu nehmen. Die Ereignisse liegen zeitlich zu lange zurück, sind juristisch verjährt. Zudem sind die meisten Erzieher/innen aus den 1950er und 1960er Jahren inzwischen verstorben oder selbst zu altersschwach, um zur Verantwortung gezogen zu werden. Es bleibt damit nur noch die finanzielle Möglichkeit und bei fortbestehender seelischer Erkrankung die Nutzung des gesellschaftlichen Gesundheitssystems, begrenzt auf die kassenärztlichen Leistungen folgend der Schulmedizin sowie mögliche Leistungen der gesetzlichen Rentenversicherung auf Kurmaßnahmen zwecks Erhaltung der Arbeitskraft. Letzteres wirkte für mich sehr positiv, da Träger von Rentenversicherungsmaßnahmen auch losgelöst von der Schulmedizin Leistungen anbieten, je nach Freiheitsgrad der verantwortenden Mediziner und Psychotherapeuten.

Die Begrenzung der Aufarbeitung auf die 1950er und 1960er Jahre hatte zudem für die politischen Instanzen den Vorteil, das System der Kinderheime nicht in Frage stellen zu müssen, denn die zeitliche Begrenzung auf die beiden Jahrzehnte suggeriert den Eindruck, dass die nachfolgenden Jahrzehnte keine Missstände mehr verursachten. Veröffentlichungen in der Presse bezeugten jedoch das Gegenteil und weiteten die Vorwürfe aus auf Internatseinrichtungen wie die Odenwaldschule und kirchlich geführte Internate. Für die Täter ist nun noch höhere Vorsicht geboten, die Bevölkerung ist offensichtlich sensibilisiert. Die Täter können auf Verjährung hoffen. Die o.a. Verantwortungskette bleibt intakt.

Doch die Verantwortungskette ist unvollständig, denn neben dem Heimkind selbst fehlt die Wissenschaft mit ihren besten Vertretern. Warum das Heimkind letztlich sich selbst verantwortlich ist, wird in den nachfolgenden Kapiteln erörtert.

Warum fehlen Wissenschaftler der einschlägigen Fachrichtungen wie der Heimpädagogik. Haben die Wissenschaftler nicht rechtzeitig auf die kindesverachtenden Erziehungsmethoden hingewiesen? Sind Wissenschaftler Menschen, die nur nach vorne schauen, die

Zukunft zu deuten versuchen? Sind Wissenschaftler bezahlte und von der Politik eingekaufte Herrschaftsverbündete?

Viele dieser Fragen beschäftigten mich bereits als Heimkind und nun diese Feststellung zur Verantwortungskette. Wissenschaft bleibt außen vor und wird nur dann gerufen, wenn die Not geboren und für die „Herrscher" unerträglich ist. Natürlich ist dies nicht so, doch es braucht die Interessensvertreter im wissenschaftlichen Kontext. Im folgenden Kapitel beschäftige ich mich daher mit der Heimpädagogik und war sichtlich überrascht, als ich in einem Werk von 1982 auf eine spekulative Antwort gestoßen bin.

- Eltern, ...
- Vormünder und Pfleger, ...
- Jugendämter, ...
- Landesjugendämter, ...
- Vormundschaftsgerichte, ...
- Träger der Einrichtungen, ...
- Heimleitung und Heimpersonal, ...
- Verantwortliche für Rechtsetzung und –anwendung, ...
- die Öffentlichkeit der frühen Bundesrepublik Deutschland ...
- Verwandte, Nachbarn, Lehrer und andere, die über Anzeigen beim Jugendamt die Heimerziehung anregten ...
- gesamtgesellschaftliche Verantwortung ...

Abbildung 3   Die Verantwortungskette, die Verteilung der Verantwortung auf viele Schultern

5. Heimpädagogik - eine Totgeburt? Totgesagte leben länger!

„Was wissen wir über das Kind im Heim? Eine eindeutige Antwort scheint es nicht zu geben"   (Kupffer 1982 S. 93).

Warum?

Hier sind die Antworten!

Ende der 1960iger Jahre rückte die Heimerziehung in den Blickpunkt öffentlichen Interesses. Für mich selbst endete 1968 ein Kinderheimaufenthalt, der Anfang des Jahres 1962 begann. Vorher wuchs ich zusammen mit drei jüngeren Geschwistern bei meiner leiblichen Mutter auf. Nach dem Heimaufenthalt - den ich angeblich als „Normaler" beendete - führte mein Lebensweg zu einer Pflegefamilie, zunächst zusammen mit meinem jüngeren Bruder. Nach einem halben Jahr trennten sich die Wege, da wir beide weiter „vermittelt" wurden. Ich kam zu einer anderen Pflegefamilie, bei der ich dann über sechs

Jahre aufwuchs, obwohl meine leibliche Mutter noch lebte. Ihr war das Sorgerecht auf Dauer entzogen worden.

Die Kapitulation vor der Kinderwelt

Es wäre schön, wenn sich an den geschlossenen Einrichtungen bis heute etwas geändert hätte. Natürlich hat sich etwas getan oder bewegt. Die nachfolgende Darstellung organisationaler und psychologischer Phänomene zeigt deutlich auf, weshalb sich kaum etwas geändert haben kann und weshalb geschlossene Einrichtungen nur Kapitulationen der Erwachsenen- vor der Kinderwelt sind.

Kindliches Trauma, lebenslange Flashbacks und psychische Übertragungen

Bis heute hat mich meine gesamte Entwicklung beschäftigt, insbesondere der Kinderheimaufenthalt. Die folgenden Ausführungen mögen für manchen Leser irreal erscheinen, doch sie sind tatsächlich erlebt worden. Zwischenzeitlich wurden umfangreiche Erlebnisberichte an die Bundestagskommission Runder Tisch Heimerziehung der 1950er und 1960er Jahre gesandt, die zusammenfassend im Abschlussbericht benannt sind, der Ende 2010 erschienen ist (Abschlussbericht RTH 2010 Seite 7 ff. zu Leid und Unrecht).

Als ich im Jahre 1992 die folgenden Ausführungen erstellte, lag eine mögliche Aufbereitung der Heimskandale in weiter Ferne. Erst der im Jahre 2004 gegründete Heimkinderverband verschaffte Gehör. Dies bestätigte mir, dass es erst eine entsprechende Gegenmacht geben muss, bevor etwas vorangebracht werden kann. Dazu kommt noch der sogenannte Zeitgeist, der u. a. Totgesagte zum Leben erweckt.

Heimpädagogik ohne organisationstheoretische Basis

Ich habe ein Hochschulstudium dazu genutzt, mir vertiefende Kenntnisse der Organisationstheorie anzueignen. Dadurch fiel es mir relativ leicht, ein methodisches Konzept zu erstellen, an dem ich den Kinderheimaufenthalt beschreiben und analysieren konnte. Die Heimpädagogik lieferte mir hierzu keinen Impuls. Außerdem ergänzte ich die organisationale Analyse durch psychologische Wissensinhalte, denn es ist nur aufgrund der Kenntnisse organisationaler Zusammenhänge und psychologischer Phänomene sinnvoll, pädagogisch, das heißt erzieherisch, tätig zu werden.

Ist Heimpädagogik eine Alibi-Disziplin?

Die Psychologie liefert die klare Erkenntnis, dass kleine Kinder mindestens eine dauerhafte Bezugsperson benötigen. Die Heimpädagogik interessierte es nicht. Heute ist es bekannt, doch es leben immer noch kleine Kinder in Kinderheimen ohne dauerhafte Bezugsperson. Unter Missachtung dieser Kenntnisse bedeutet jedes Erkennen und Lösen von Problemen ein Kurieren an irgendwelchen Symptomen (=Merkmalen) und keine Problembeseitigung (Ursachenbekämpfung). Es stellt sich daher die Frage, ob Heimerziehung bzw. -pädagogik seitens der Erzieher und Pädagogen sinnvoll praktiziert werden kann oder ob sie praktisch sinnlos ist und vergeudete Zeit darstellt, eine Beschäftigungsmaßnahme von Amts wegen, der Politik zu genügen?

Heimpädagogik ein Reformansatz dem Zeitgeist entsprechend

Das „Geburtsstadium" der Heimpädagogik, die moderne bzw. zeitgerechte pädagogische Inhalte integriert, ist in der BRD nicht genau erfassbar. Die Ansätze hierzu gehen jedoch auf den Anfang der 1970iger Jahre zurück. Man sprach von Reformdiskussion (Kluge u. a. 1982 S. VI), Reformansätzen und dergleichen. Wie sieht es generell mit solchen Reformbemühungen aus? Haben sie einen Sinn oder können sie von vornherein als unnötig bezeichnet werden? Erleiden sie bereits in ihrem Geburtsstadium das Ende: sind sie eine „Totgeburt"?

Die folgenden Ausführungen stellen einen verkürzten zusammenfassenden Überblick dar. Eine ausführliche Beschreibung und Analyse erlebter Heimrealität enthält mein Erstlingswerk. Bei den folgenden Ausführungen sind auch Erfahrungen meiner Geschwister integriert, die teils das gleiche Kinderheim, aber auch andere Kinderheime kennenlernten.

5.1. Die geschlossene Einrichtung – eine Totalorganisation, ein Kindergefängnis

Kinderheime werden als totale Institutionen bzw. Organisationen bezeichnet. Total deshalb, weil sie geschlossene Einrichtungen darstellen, in denen Kinder in ihrer Gesamtheit aufwachsen.

Wodurch zeichnen sich generell Organisationen aus?

In der Literatur findet sich bei näherer Betrachtung eine recht große Anzahl von Werken, die sich mit organisationalen Erscheinungen beschäftigen. Je nach Erkenntnisinteresse werden unterschiedliche Schwerpunkte gesetzt - insbesondere auch in der wissenschaftlichen Diskussion -. Einheitliche organisationstheoretische Grundlagen, das heißt eine in der wissenschaftlichen Literatur vorherrschende geschlossene Organisationstheorie gibt es nicht. Es stehen mehrere organisationstheoretische Ansätze zur Verfügung. Dementsprechend unterschiedlich sind auch die Konzepte zur Beschreibung der Organisation.

Welches sind nun typische Merkmale von Organisationen und wie stellen sich diese in der Totalorganisation Kinderheim dar?

ZIELGERICHTETHEIT

Jede Organisation verfolgt bestimmte Ziele, jedoch nur insofern,

> *„als es Personengruppen gibt, die bewusste Zielvorstellungen für das System besitzen und es in seiner Art und Funktionsweise entsprechend leiten und gestalten"* (Mayntz 1963 S. 43).

Die in einer Organisation tätigen Personengruppen (Mitglieder) haben nicht nur Ziele für die Organisation, sondern auch eigene persönliche Ziele. Diese stehen oftmals auch im Gegensatz zu den Organisationszielen. Vielfach ist es nicht leicht, das Organisationsziel zu bestimmen. In der Regel liegen mehrere Ziele vor, also ein Zielbündel. Hilfsweise kann man zur Bestimmung von Organisationszielen ganz allgemeine Beschreibungen festlegen und sich daran weiter orientieren. So können beispielsweise drei Typen von Organisationszielen unterschieden werden:

> „1. Zusammensein der Mitglieder, gemeinsame Betätigung und gegenseitiger Kontakt,
> 2. Einwirkung auf eine Personengruppe auf bestimmte Weise,
> 3. Leistungserstellung oder Erzielen bestimmter Außenwirkungen."
> (ebenda S. 47)

Es handelt sich hierbei immer um die Angabe des Hauptziels. Es ist durchaus möglich, dass eine Organisation sämtliche Ziele verfolgt.

Die Totalorganisation Kinderheim zeichnet sich durch das Organisationsziels des Typs 2 aus: Einwirken auf eine Personengruppe auf bestimmte Weise. Die Personengruppen sind die Heimkinder, die Haupteinwirkenden die Heimerzieher. Die bestimmte Weise der Einwirkung geschieht auf vielfältige Art.

ZUSAMMENHALT

Eine Organisation ist auf Dauer angelegt. Damit sie nicht zerfällt, ist ein gewisser Zusammenhalt zwischen den Mitgliedern erforderlich. Dieser Zusammenhalt wird nicht nur durch die Zusammenarbeit gewährleistet, sondern auch durch Zwang (ebenda S. 47). Welche konkreten Formen die Zusammenarbeit und die Zwangsausübung annehmen, hängt von vielen Faktoren ab.

Kennzeichnende Merkmale in der Totalorganisation Kinderheim sind die Kinderarbeit und die physische und psychische Zwangsausübung.

SELBSTERHALTUNG

Die Selbsterhaltung ist die Voraussetzung zur Zielerreichung. An der Erhaltung tragen jene bei, die an deren Leistung interessiert sind und für die die Organisation nützlich ist. Sobald sich Menschen mit einer Organisation verbunden fühlen, wird die Organisation leicht zu einem Selbstwert, das heißt die Menschen sehen darin einen Teil ihrer selbst. Dann ist die Gefahr recht groß, dass die Menschen auch auf die Erhaltung der Organisation bedacht sind, wenn sich dies aus Nützlichkeitserwägungen nicht mehr rechtfertigen lässt (ebenda).

Wem nutzt ein Kinderheim?

Ein Kinderheim nutzt jenen, die durch diese Organisationsform ihren Einkommenserwerb erzielen, also insbesondere den Erziehern. Auf den ersten Blick nutzt es auch der Gesellschaft, da sogenannte verwahrloste Kinder von der Straße geholt werden und ihnen ein „menschenwürdiges" Dasein verschafft werden soll, um später als Erwachsene ihren Beitrag für die Gesellschaft leisten zu können.

Als Betroffener musste ich feststellen, dass die Heimerziehung den Heimkindern keinen Nutzen bringt und die Gesellschaft bis heute mehr Schaden hatte als Nutzen, denn der überwiegende Teil ehemaliger Heimkinder gerät auf die „schiefe Bahn". Warum dies so ist, werde ich durch die weiteren Ausführungen erläutern.

UMWELTABHÄNGIGKEIT

Jede Organisation steht in einer wechselseitigen Beziehung mit der Umwelt. Diese Wechselbeziehung ist bei der Totalorganisation für die Zwangsmitglieder auf ein Minimum beschränkt bzw. zeitweise nicht vorhanden. Obwohl jede Organisation also offen ist und obwohl auch die Mitglieder wechseln, behält sie dennoch ihre Eigentümlichkeiten bzw. Wesensarten (Mayntz spricht von Identität, ebenda S. 46). Dies gilt auch für die Totalorganisation Kinderheim.

MITGLIEDSCHAFT

Jede Organisation besteht aus Mitgliedern. Diese sind nicht als gesamte Persönlichkeit in der Organisation tätig, sondern lediglich als „Handlungsträger". Es werden immer nur bestimmte Aufgaben von ihnen verlangt (auch der Begriff Aufgabenträger wird verwandt) und sie sind als freiwilliges Mitglied tätig. In der Totalorganisation gibt es neben den freiwilligen Mitgliedern (den Erziehern) auch Zwangsmitglieder, nämlich die Heimkinder. Die Heimkinder werden aufgrund staatlicher Anordnung in ein Kinderheim gesteckt und können nicht selbst entscheiden, ob sie beispielsweise bei den Eltern bleiben wollen. Auch wenn es zunächst den Anschein hat, dass Heimkinder mit ihrer gesamten Persönlichkeit in dieser Organisation tätig sind, ist dies ein Trugschluss. Auch Heimkinder sind lediglich Handlungsträger. Zudem gelten sie als verhaltensgestört und müssen noch erzogen werden. Von Persönlichkeit wird insofern nicht gesprochen. Doch sie haben und behalten etwas Gemeinsames mit anderen Kindern: sie sind Individuen, das heißt Menschen mit ganz besonderen Eigenheiten, mit denen sich jeder Mensch von anderen unterscheidet. Ob diese Unterschiede gering oder groß sind, spielt dabei zunächst keine Rolle.

DIE ORGANISATIONSSTRUKTUR

Jede Organisation weist eine Struktur auf. Darunter ist allgemein „ein Aufbaugefüge, eine verhältnismäßig dauernde Anordnung von Teilen zu einem Ganzen" zu verstehen (ebenda S. 81). Da in einer Organisation Menschen tätig sind, die zusammenarbeiten, spricht man auch von einem sozialen Gebilde bzw. einer sozialen Struktur. Diese ist u. a. dadurch gekennzeichnet, dass die Mitglieder zur Erreichung des Organisationsziels bestimmten Regelungen unterworfen sind. Die Gesamtheit der Regelungen stellt die formale Struktur dar. Sie stellt gewissermaßen eine „Soll-Ordnung" dar (ebenda) und soll die Antwort geben auf die Frage: Wie soll die Organisation im Aufbau und Ablauf gestaltet sein, damit sie ihrer Zielsetzung am besten gerecht wird. Diese Soll-Ordnung ist natürlich nicht identisch mit der tatsächlich vorzufindenden Struktur, da es u. a. nicht möglich ist, sämtliche Verhaltensweisen zu reglementieren. Neben der formalen Struktur existiert somit in jeder Organisation auch eine sogenannte informelle Struktur, das heißt eine nicht regelbare, aber von der formalen Struktur beeinflussten Strukturform.

Zur Beschreibung der Organisationsstruktur gibt es recht unterschiedliche Konzepte (Türk 1978 S. 98 ff.). Ich habe mich mit folgenden Strukturmustern näher beschäftigt:

- die formale Struktur

- die Rollenstruktur
- die Kommunikationsstruktur
- die Autoritäts- und Herrschaftsstruktur.

DIE FORMALE STRUKTUR

Kennzeichnende Merkmale der formalen Struktur sind die Arbeitsteilung, die Koordination, das Leitungssystem, die Kompetenzverteilung und die Formalisierung, das heißt die schriftlich fixierten organisatorischen Regeln (Kieser/Kubicek 1977 S. 49 ff.). Je nach Organisationsform sind diese Merkmale unterschiedlich stark ausgeprägt.

In der Totalorganisation Kinderheim erleben die Zwangsmitglieder den Heimalltag wie folgt:

Es herrscht eine genau festgelegte Arbeitsteilung. Die Heimkinder erledigen fast sämtliche häuslichen Arbeiten selbst: sie machen ihre Betten, sie säubern den Schlafsaal, sie stellen das Essgeschirr bereit, sie säubern Waschraum und Kleiderkammer, sie putzen sämtliche übrigen Räume sowie die Flure und Treppen, sie putzen die Fenster, sie spülen das Geschirr, sie bringen die schmutzige Wäsche in die Wäscherei, sie bringen nach dem Essen die Eßtöpfe in die Großküche zurück, sie waschen ihre Strümpfe selbst, sie kehren den großen Spielhof (Herbstlaub), sie sind Messdiener (wer konnte), Chorsänger, und sie hatten sich für alles zur Verfügung zu halten, wofür man sie brauchte. Die Arbeiten waren in der Regel wochenweise unter den Heimkindern aufgeteilt. Doch Sonderarbeiten gab es auch. Das Heimkind ist in erster Linie ein Aufgabenträger und kein Kind mehr. So wie jedes Mitglied in einer Organisation der Gefahr ausgesetzt ist, verobjektiviert zu werden, da es nur als Aufgabenträger fungiert, so unterliegt das Heimkind dieser Gefahr nicht mehr. Am Heimkind wird „lehrbuchhaft" vorgeführt, wie es nur noch ein Objekt zu sein hat. So irreal es klingen mag, doch das Heimkind ist nur noch ein Objekt, eine beliebige Sache, mit der experimentiert werden kann.

Welche Aufgaben und Arbeiten erledigten die Erzieher?

Sie sind in erster Linie **Aufpasser und Kontrolleure**. Sie haben dafür zu sorgen, dass ein „ordnungsgemäßer Heimbetrieb" sichergestellt werden muss, was man auch immer darunter verstehen mag. Das persönliche Wohl des Kindes musste bei der Masse von Kindern (über 30 Kinder) und den wenigen Erziehern (in der Regel waren nur 2 Erzieher anwesend) unberücksichtigt bleiben. Da die Heimkinder in der Regel ihren Heimaufenthalt als Zwangsmaßnahme empfinden, und mit der Heimeinweisung einen sogenannten „Emotionsschock" erleben, haben sie nur wenig bzw. gar kein Interesse, die auferlegten Arbeiten durchzuführen. Das einzige Mittel, was hier die Erzieher letztlich nur sehen ist die Züchtigung. Wer die Aufgaben nicht ordnungsgemäß erledigte, wurde geprügelt. Prügel war an der Tagesordnung und Rezept Nr. 1, wenn etwas aus der Sicht der Erzieher nicht klappte. **Prügel war damit auch ein sogenanntes Koordinationsmittel.** Die Koordination ist erforderlich, um die vielfältigen Aufgaben aufeinander abzustimmen zur bestmöglichen Zielerreichung. Die Koordination erfolgte im Kinderheim durch die Erzieher aufgrund persönlicher Weisungen einschließlich Prügel sowie mit sogenannten **Programmvorgaben**, das heißt aufgetragene Arbeiten mussten entsprechend den Vorstellungen der Erzieher erledigt werden, ohne dass sie jedes Mal noch einmal erklärt wurden. Wenn die Anordnung „Waschraum säubern!" ausgesprochen wurde, musste das Heimkind wissen, wie es zu machen war. Wenn es dies nicht wusste, wurde mit Prügel nachgeholfen. Selbst konnte das Heimkind nichts entscheiden. Die Erzieher gaben alles vor, wobei die Regel eine Programmvorgabe war. Wenn das Programm nicht richtig ablief, erfolgten Sanktionen (Bestrafungen), allen voran die Prügel. Die gesamte Koordination orientierte sich an dem Grundprinzip von Befehl und Gehorsam. Befehle erteilten die Erzieher, gehorchen mussten stets die Heimkinder. Dieses Grundprinzip ist auch das Charakteristikum des Leitungssystems.

Die Erzieher stellten eine Instanz dar, das heißt eine Stelle in der Organisation, die mit Entscheidungs- und Leitungsaufgaben betraut war, während die untergeordneten Stellen (die Heimkinder) lediglich Ausführungsaufgaben durchführten. **Das Leitungssystem der**

Totalorganisation Kinderheim kann als autoritäres bzw. diktatorisches Mehrliniensystem bezeichnet werden, das heißt das Heimkind hatte grundsätzlich jedem beliebigen Erzieher zu gehorchen. Es war keinem festen Erzieher zugeordnet. Die Gehorsamspflicht ging jedoch noch über die Totalorganisation hinaus, das heißt als Heimkind hatte man grundsätzlich jedem beliebigen Erwachsenen zu gehorchen. Sobald irgendwoher etwas Negatives an die Erzieher herangetragen wurde, folgten entsprechende Sanktionen. Aufgrund der Einbindung des Kinderheims in eine kirchliche Trägerschaft, die am Katholizismus ausgerichtet war, wurde **mit Hilfe eines überirdischen Wesens namens Gott eine weitere Leitungsinstanz geschaffen**, die zwar nicht körperlich fassbar war, dafür jedoch alles sah und die jederzeit richten konnte.

Während bereits durch die vorangestellten Merkmale Arbeitsteilung, Koordination und Leitungssystem ersichtlich wurde, dass es für ein Heimkind nichts selbst zu entscheiden gab, kann dies für die Erzieher nicht nur dahingehend beantwortet werden, dass sie dann alles zu entscheiden hatten, obwohl es im Kinderheim für die Heimkinder danach aussah. Die Hauptentscheidung hatten sie jedoch nicht gefällt, nämlich die Einweisung ins Kinderheim. Doch sie hatten ihren Aussagen zufolge es in der Hand, darüber zu entscheiden, wann das Heimkind das Heim wieder verlassen kann. Wie sieht es nun generell mit den Entscheidungskompetenzen der Erzieher aus?

Entscheidungskompetenzen der Erzieher/innen!

Es können drei Arten von Entscheidungen unterschieden werden, und zwar Entscheidung über Aktionen, Entscheidungen über Entscheidungsregeln und Strukturentscheidungen (Szyperski/Winand 1974 S. 2 u. Kieser/Kubicek 1977 S. 131-132). Bei den Entscheidungen über Aktionen legt die Instanz (hier die Erzieher) selbst fest, welche Aktivitäten im Sinne der Zielrealisierung durchzuführen sind. Die Instanz kann dann die Aktion selbst ausführen oder die untergeordnete Stelle (hier die Heimkinder) beauftragen, indem sie eine entsprechende **Weisung erteilt**. Die Entscheidungen über Entscheidungsregeln beinhalten die Tatsache, wie in wiederkehrenden Fällen entschieden werden soll und die Instanz legt dazu Regeln fest.

Es handelt sich hierbei nicht um eine unmittelbare Aufforderung zu einer Handlung, sondern um eine allgemeine Vorgabe, nach der im Einzelfall eine Aktion getätigt werden soll. Die Instanz **gibt** damit ein **Programm vor**. In der Praxis spricht man von Kompetenzen bzw. Befugnissen. **Mit der dritten Art von Entscheidungen, den sogenannten Strukturentscheidungen, hatten die Erzieher nichts mehr zu tun.** Die Strukturentscheidungen beziehen sich auf die grundsätzliche Gestaltung von Entscheidungsprozessen und es wird damit die gesamte Organisationsstruktur einschließlich der Kompetenz-verteilung geregelt. Die Erzieher sind durch die Strukturentscheidungen gebunden und können nur in diesem Rahmen Entscheidungsbefugnisse wahrnehmen und Weisungen erteilen. Da die meisten Kinderheime in kirchliche Trägerschaft eingebunden sind, geben diese die Kompetenzverteilung vor.

Der Begriff Kompetenzverteilung beinhaltet die Tatsache, dass in unserer Gesellschaftsordnung nur die Eigentümer einer Organisation alleinige Träger von Rechten und Pflichten sind und alle Entscheidungen selbst treffen und ausführen. Da dies jedoch nicht möglich ist, delegieren sie ihre Entscheidungsbefugnisse an die ihnen unterstellten Instanzen, wobei sie die Strukturentschei- dungen selbst treffen. Die Kirche kann sich jedoch nicht als Eigentümer einer Totalorganisation bezeichnen, da die Finanzierung der Kinderheime im Wesentlichen durch den Staat erfolgt, das heißt letztlich durch unsere Steuergelder. Die Kirche hat jedoch aus verschiedenen Gründen ihren dominanten Einfluss in der Heimerziehung behalten. Sie fungiert quasi als Pseudo-Eigentümer.

Die Kompetenzverteilung beinhaltet für die Instanzen auch die Pflicht zur Verantwortung. In der Literatur wird oftmals dieser Aspekt besonders betont und von „Delegation von Verantwortung" gesprochen. Die Instanzen (Erzieher) sind ihren übergeordneten Stellen für ihre eigenen und auch für die Aktivitäten der untergeordneten Stellen (Heimkinder) verantwortlich. Verantwortung trifft aber auch auf die unterste Stelle zu, nämlich für ihre Ausführungsaufgaben. Die Instanz ist dabei zwar nicht für jede Aktivität der untergeordneten Stelle verantwortlich, wohl aber für deren Ergebnisse. Offiziell hatten im Kinderheim natürlich nur die Erzieher etwas zu verantworten, wobei sich gegenüber der Außenwelt auch die Kirche verantwortlich fühlte. Doch Erziehung ist primär eine gesellschaftliche Aufgabe und nicht nur eine kirchliche. Erziehung geht uns alle etwas an! Erziehung, die sich öffentlich nennt, muss auch öffentlichen Maßstäben genügen. Erziehung bedeutet immer, dass die Kinder gesellschaftsfähig gemacht werden müssen und die Gesellschaft besteht nicht nur aus Katholiken und Protestanten. **Der Erzieher ist in Ausübung seines Berufes nie allein verantwortlich für die Kinder, da er sich ja nicht immer um „seine" Kinder zu kümmern braucht.** Im Problemfall kann er sich daher auch leicht aus der Verantwortung herausziehen. Zudem kommen die Kinder ja als „verhaltensgestört" ins Kinderheim. **Das Heimkind ist letztlich sich selbst verantwortlich.** In den Augen des Heimkindes schienen zudem die Erzieher alles machen zu dürfen. Im Kinderheim hatten sie unbegrenzte Kompetenzen. Es war ja auch nicht notwendig, irgendwie etwas schriftlich zu dokumentieren. Schriftliche Weisungen und schriftlich fixierte organisatorische Regeln gab es für die Heimkinder nicht. Angelegt war lediglich eine „Heimkinddokumentation", die aus Berichten über das Verhalten des Heimkindes bestand und im Bedarfsfalle zur Disziplinierung verwendet wurde.

DIE ROLLENSTRUKTUR

Jeder Mensch nimmt unterschiedliche Rollen wahr. In der Organisationslehre versteht man unter einer „Rolle" eine Vielfalt von Erwartungen, die sich an den Stelleninhaber richten (Mayntz 1963 S. 81 u. Kieser/Kubicek 1977 S. 318). Noch bevor ein neues Mitglied in eine Organisation eintritt, ist schon festgelegt, welche Position zu besetzen ist und welche Erwartungen die Organisationsleitung und die anderen Mitglieder an das Verhalten des Stelleninhabers haben. Die organisatorische Rolle beinhaltet insofern nur die auf die Aufgaben des Stelleninhabers bezogenen Erwartungen. Damit ist jedoch nur ein Teil des Verhaltens in die Betrachtung einbezogen. Neben der organisatorischen Rolle besitzt jede Person in der Organisation weitere Rollen. Ich bezeichne sie als die informellen Rollen, wie zum Beispiel Kollege, Kamerad, Freund oder Sportgefährte. Daneben existieren organisationsexterne Rollen, wie Familienmitglied, Sportler, Kirchgänger, Autofahrer, Vereinsmitglied. Welche Faktoren bestimmen nun die organisatorische Rolle?

Sie wird u. a. bestimmt durch Organisationsmitglieder in gleicher Position, aufgabenrelevante Bezugspersonen sowie Personen, die Organisationsziele, Verfahrensrichtlinien und Sanktionen festlegen (Kieser/Kubicek 1977 S. 319). Weiterhin wird die Rolle bestimmt durch: Arbeitsteilung und Leitungssystem, festgelegte Ziele, Programme, Pläne und schriftliche Regeln sowie Organisationsmitglieder, die ermächtigt sind, Erwartungen vorzugeben (ebenda S. 320). Allen Punkten ist gemeinsam, dass es sich um offizielle Erwartungen handelt. Daneben existieren Erwartungen an das aufgabenbezogene Verhalten, die den organisatorischen Regeln nicht entsprechen müssen und damit Rollenkonflikte hervorrufen:

- die Vorgesetzten machen nicht nur von ihren offiziellen Rechten Gebrauch, sondern haben eigene Erwartungen über die Befolgung der offiziellen Regeln. Je größer der Einflussbereich des Vorgesetzten bei den Sanktionen ist und je weniger Kontrollsysteme existieren, umso stärker bestimmen die jeweiligen Einstellungen des Vorgesetzten, inwieweit die offiziellen Regeln befolgt werden. Sämtliche Erwartungen, die Vorgesetzte bezüglich des aufgabenbezogenen Verhaltens haben und die Art, wie sie diese vermitteln, kann als **Führung** bezeichnet werden (ebenda S. 321).
- Sämtliche Erwartungen von Mitarbeitern bezüglich des aufgabenbezogenen Verhaltens gleichgestellter Organisationsmitglieder können als **Gruppennormen** bezeichnet werden (ebenda).
- Im direkten Verhältnis zum Vorgesetzten haben auch Untergebene Rollenerwartungen. Der Vorgesetzte wird diese insbesondere dann berücksichtigen, wenn er ein Bedürfnis nach sozialer Anerkennung oder nach konfliktfreien Beziehungen hat.
- Die organisationsexternen Partner tragen insbesondere dann zur Rollenbildung bei, wenn deren Verhalten den Arbeitserfolg oder die Einkommenssituation der Organisationsmitglieder beeinflusst.

Ein weiterer Einflussfaktor der Rollenbildung sind die eingesetzten Fertigungs- und Informationstechnologien (ebenda S. 232 ff.). Für die Totalorganisation Kinderheim sind diese jedoch aus Sicht des Heimkindes irrelevant.

Von Bedeutung bei der Rollenanalyse ist, dass deutlich getrennt werden muss zwischen Rollenerwartungen und Rollenperzeptionen. Die Rollenerwartungen beziehen sich auf das Verhalten des Organisationsmitglieds und werden durch Bezugspersonen bestimmt. Rollenperzeption bedeutet Wahrnehmung der eigenen Rolle, das heißt wie empfindet das Organisationsmitglied seine eigene Rolle und wie sieht es die Bezugspersonen bezüglich deren Rollenerwartungen. Nur die Rollenperzeption ist mit entscheidend für das Verhalten der betreffenden Organisationsmitglieder (ebenda S. 324). Die eigene Rollenwahrnehmung zeigt zudem, inwieweit sich die aus der Analyse der Rollenerwartungen resultierenden Rollenkonflikte tatsächlich auf das Verhalten auswirken. Zu beachten ist, dass Rollenperzeption und Verhalten ein ständiger Prozess des Austauschs sozialer Beziehungen von Individuen sind. Die Rollenperzeption ändert sich durch Erfahrungen und Lernprozesse.

Zur Analyse der Auswirkungen der formalen Organisationsstruktur auf das Verhalten der Organisationsmitglieder ist die Frage bedeutsam, wie die Organisationsmitglieder auf das formale Rollensegment reagieren, wobei jedoch auch beispielsweise der Faktor Führung berücksichtigt werden muss, da individuelles Verhalten nicht nur durch einen Faktor erklärt werden kann. Außerdem kann nicht davon ausgegangen werden, dass jedes Organisationsmitglied, das objektiv die gleiche Rolle besitzt, diese auch gleich wahrnimmt, da die Rollenperzeption auch von der Persönlichkeit des Rollenträgers abhängt. Der Begriff „Persönlichkeit", der auch in der Psychologie noch nicht eindeutig geklärt ist, hat in diesem Zusammenhang nur eine untergeordnete Bedeutung, da ja primär nur das aufgabenbezogene Verhalten betrachtet wird.

Von Bedeutung sind etwa folgende personenbezogenen Merkmale (ebenda S. 338):

- die soziale Herkunft und Erziehung,
- die allgemeine und berufsbezogene Ausbildung an organisationsexternen Ausbildungsinstitutionen,
- die Berufserfahrung.

Allen drei Punkten ist gemeinsam, dass sie frühe Erfahrungen der Organisationsmitglieder beinhalten, die als Vergleichsmaßstab dienen (ebenda).

Weiterhin sind Zielsetzungen und Einstellungen der Organisationsmitglieder verhaltensrelevant. Eine umfassende Erklärung und Voraussage konkreten Verhaltens von Individuen in Organisationen ist durch die Rollenanalyse jedoch nicht möglich.

Die aufgrund meiner Rollenwahrnehmung festgestellten Merkmale fasse ich für die Totalorganisation Kinderheim in folgenden Punkten zusammen:

- Von individuellem Verhalten von Heimkindern kann kaum mehr gesprochen werden. Die oben genannten personenbezogenen Merkmale sind unbedeutend. Treffender ist die Bezeichnung **organisationales Verhalten totalitärer Ausrichtung**.
- In der Geschlossenheit einer Institution werden keine Individuen herangebildet, sondern lediglich **menschliche Objekte**. Persönlichkeitsentfaltung ist nicht möglich.
- Die Heimeinweisung erfolgt durch Sozialarbeiter des Jugendamtes. Diese sind primär als Sachbearbeiter tätig. Die zu bearbeitenden Sachen sind Heimkinder. Die Qualifikation eines Sachbearbeiters - auch wenn er/sie sich Sozialarbeiter nennt - reicht nicht aus, um Urteile über Menschen fällen zu können. Dazu fehlt jede umfassende psychologische Ausbildung. Der „Sozialarbeiter" blieb stets auf Distanz zu dem Heimkind getreu dem **Arbeitsmotto „So viel wie nötig, so wenig wie möglich"**.

- Die Erzieher haben eine Berufsausbildung absolviert, die unzureichend ist. **Fachwissen** allein **genügt nicht**, um Kinder zu erziehen. **Die berufsmäßige Ausrichtung lässt den Erzieher wie einen Perfektionisten wirken**, der stets über alles im Bilde ist und dem kein Fehler unterläuft. Die Erzieher erfüllen primär eine Lückenbüßerfunktion (da die BRD es sich scheinbar nicht leisten kann, genügend Fachleute heranzubilden), und sind lediglich Heimkindhüter, im günstigsten Fall Heimkindbetreuer. **Der für die Erziehung von Kindern notwendigen ganzheitlichen Vorbildfunktion** werden sie nicht gerecht. Die **Vielzahl der Kinder** stellt den Erzieher automatisch in die Situation einer **permanenten Überforderung**, in der er scheinbar kaum mehr eine Entscheidungswahl treffen kann und es ihm nur noch möglich ist, sich auf die Stufe von **Neo-Primitiven** zu begeben, die verzweifelt auf ihre **urzeitliche Muskelkraft** zurückgreifen, um noch eine Art persönliche Dominanz zu demonstrieren. Eine **gesellschaftliche Anerkennung** bleibt dem Heimerzieher **verwehrt**. Diese kann er nur dadurch erreichen, dass er sich tatsächlich nur um so viele Kinder kümmert, wie er „verkraften" kann. Nur diesen Kindern kann er einen „Gefallen" tun, einen Nutzen erweisen. Jedes Verbleiben in einer Totalorganisation bedeutet falsche Rücksichtnahme gegenüber den Kindern und ist bestenfalls nur ein Ausdruck eigener mangelnder Persönlichkeitsentwicklung. Nach dem Heimaufenthalt hört die „Zuständigkeit" des Heimerziehers auf. Er hat seine „Schuldigkeit" getan.
- Das Heimkind kämpft zunächst gegen die Heimeinweisung an. Irgendwann schaltet es zwangsläufig ab und zieht sich in sein Inneres zurück. Die wenigsten Kinder, die ins Kinderheim kommen, sind verhaltensgestört. Dies werden sie zwangsläufig durch die Heimeinweisung und den Heimaufenthalt. Nicht die Kinder sind zu therapieren, sondern die eigenen Eltern, die es scheinbar nicht schaffen, sich gesellschaftlichen Normen anzupassen. Der Heimaufenthalt stellt für das Heimkind eine Bestrafung für seine eigenen Eltern dar. Dieses Strafmaß ist zu hoch, für das, was die Eltern angerichtet haben. Die Strafe ist bildhaft gesprochen, eine **elterliche Hypothek** (Last), die dem Kind aufgebürdet wird. Hypotheken können in der Regel **nur**

langfristig abgebaut werden. Die dazu erforderlichen Hilfen erfolgen so gut wie nicht. Das Heimkind lebt ständig in dem Stress, darüber nachzudenken, was die eigenen Eltern wohl falsch gemacht haben. Kommt es zu der Überzeugung, dass die eigenen Eltern versagt haben, ist die Gefahr sehr groß, dass es seine eigene Existenz in Frage stellt. Es kommt zu typischen Abwehrreaktionen bzw. Vermeidungsverhalten. Haben die Eltern nicht versagt, trifft die „Schuld" andere und das Kind kann wieder eine positivere Einstellung zu seinen Eltern gewinnen. Um es hier bereits vorwegzunehmen, von nachhaltig prägender Bedeutung auf die Persönlichkeitsentwicklung sind die in den ersten Lebensjahren vermittelten Eigenschaften, insbesondere die Elternliebe und die Liebe von Erwachsenen. Kinder sind in erster Linie das Abbild ihrer Eltern (den Vorbildern und natürlichen Autoritäten) bzw. falls diese nicht vorhanden sind, einer gegebenen Erziehungskonstellation. Wird ein Heimkind kriminell, liegt diesem Umstand eine kriminelle Erziehungskonstellation zugrunde.

- Es kommen nicht nur misshandelte Kinder in Heime, sondern auch jene, deren Eltern (vornehmlich Alleinerziehende) irgendwelche anderen gesellschaftlichen Normen verletzt haben. Anfang der 1960iger Jahre war es eine große Verfehlung, wenn eine Frau außerehelichen Geschlechtsverkehr hatte und dann auch noch Kinder zur Welt brachte. Wenn ein Kind von seiner geliebten Mutter gerissen wird, ist dies nichts anderes als Menschenquälerei und seelische Misshandlung. Es lässt sich in Worte nicht beschreiben, was einem Kinde angetan wird, wenn es von seinen Eltern entfernt wird. Die Unfähigkeit der Eltern, ihr Kind aus dem Heim zu holen, verstärkt die Entfremdung des Kindes von seinen Eltern.
- Auch kirchliche Ordens- und Amtsträger, ob Nonne, Mönch oder Priester, sind nur Menschen, mit allen Fehlern und Schwächen, die Menschen nun einmal haben können. Beispielsweise erwies sich in unserem Falle eine Nonne als wahres „Vorbild" im Prügeln. Auch zeigt die Geschichte Beispiele genug, bei denen die Kirche mit sozialer Intoleranz geglänzt hat und sie zeigt dies auch heute noch.

- Die Heimkinder standen untereinander in einer Art Konkurrenzsituation. Jeder wollte besser sein, soweit es möglich war. Doch helfen konnte keiner dem anderen. Jeder war sich selbst der nächste. Informelle Rollen waren kaum vorhanden. Organisationsexterne Rollen konnten lange Zeit überhaupt nicht wahrgenommen werden und wenn es dann der Fall war, dann nur zeitweise (Wochenendbesuche der Eltern).

DIE KOMMUNIKATIONSSTRUKTUR

Kommunikation ist eine wesentliche Erscheinung in jeder Organisation und im Menschsein generell. Der Aspekt der Kommunikation wurde daher bereits bei sämtlichen bisher behandelten Strukturmerkmalen entweder ausdrücklich oder indirekt mit berücksichtigt. Die Grundlage zur Kommunikation bilden Informationen, die im Rahmen der Aufgabenerfüllung vermittelt werden müssen. Die Informationsvermittlung und -beschaffung kann seitens der leitenden Instanzen jedoch stark eingeschränkt sein.

In der Totalorganisation Kinderheim orientierte sich die Kommunikation an den formalen Erfordernissen. Nichts war für ein Heimkind selbstverständlich. Es musste sich alles erarbeiten und erbitten. Selbst der Gang zur Toilette musste in Form einer Bitte ausgesprochen werden, wobei man vorab den Finger heben musste, um sich der Erzieherin erkenntlich zu zeigen mit den Worten: Darf ich bitte auf die Toilette. Außerdem war Stillschweigen und Abwarten von Heimkindern gefordert. Die Erzieher wären wohl auch verrückt geworden, wenn ständig die über dreißig Kinder gesprochen hätten. Die Kommunikation war somit auf ein Minimum beschränkt. Reden konnte man als Heimkind dabei natürlich nicht lernen.

Es galt der „Glaubenssatz": **Reden ist Silber, Schweigen ist Gold.**

DIE AUTORITÄTS- UND HERRSCHAFTSSTRUKTUR

Autorität und Herrschaft sind ebenfalls typische Erscheinungen in Organisationen. Bereits bei der Betrachtung der formalen Strukturmerkmale Arbeitsteilung und Koordination in einer Organisation wurde deutlich, dass eine zielgerichtete Aufgabenerfüllung in einer Organisation nur erfolgen kann, wenn die Aktivitäten aufeinander abgestimmt sind. Dies setzt notwendigerweise voraus, dass ein Teil der Organisationsmitglieder Anordnungen erteilt und ein anderer Teil diesen Anordnungen Folge leistet. Wir finden somit in jeder Organisation das Beziehungsmuster Entscheidung und Ausführung bzw. Befehl und Gehorsam.

Jede Organisation zeichnet sich nicht nur dadurch aus, dass sie ihre Ziele bestmöglich zu erreichen versucht, sondern darüber hinaus auch dadurch, dass sie der Schaffung und Sicherung von Herrschaftspositionen dient (duale Charakter formaler Organisationsstrukturen, Kieser/Kubicek 1978b S. 143). Beide Perspektiven sind in der Realität untrennbar verbunden.

> *„Organisationsstrukturen sind, in einem übertragenen Sinne, janusköpfige (doppelgesichtige, d. Verf.) und widersprüchliche Erscheinungen. Grundsätzlich dürfte es so sein, dass die Rationalitätssicherungszwecke (=Zwecke zur bestmöglichen Zielerreichung, d. Verf.) relativ schnell ins Blickfeld geraten, während die Herrschaftssicherungszwecke unter der Oberfläche von Deklarationen gesucht werden müssen"*
>
> (ebenda)

Max Weber wies darauf hin, dass die Herrschenden ihre Herrschaft stets auf eine stabile Basis zu stellen versuchen, indem sie sich bemühen

> *„den Glauben an ihre ‚Legitimität' zu erwecken und zu pflegen"*
>
> (Kieser/Kubicek 1978a S. 90 in Anlehnung an
Weber 1972 S. 122 ff. u. S. 549)
>
> *„Dieses Bemühen geht parallel mit der Befriedigung des einer jeden Macht eigenen Bedürfnisses nach Selbstrechtfertigung"*
>
> (ebenda)

das heißt, jeder Mensch möchte seine Entscheidungen und Handlungen vor sich und seinen Mitmenschen gegenüber rechtfertigen.

In der Autoritäts- und Herrschaftsstruktur organisationaler Gebilde nehmen Kinder nur den untersten Platz ein.

Selbst die Menschenrechte unseres Grundgesetzes scheinen für Heimkinder nicht zu gelten.

Im Grundgesetz der Bundesrepublik Deutschland fehlen Kinderrechte, obwohl die Vereinten Nationen bereits im Jahre 1959 Formulierungen dazu vorgelegt haben. Der Gesetzgeber behilft sich mit dem **Konstrukt des Kindeswohls**, abgeleitet aus dem Elternrecht gemäß Artikel 6 des Grundgesetzes. Seit dem Urteil des Bundesverfassungsgerichts aus dem Jahre 1968 ist zwar klar, dass die Grundrechte des Grundgesetzes auch für Kinder gelten (siehe Müller-Münch S. 265), doch sie sind kraft des Elternrechts nicht direkt einklagbar. Selbst wenn ein Kind sexuell missbraucht wird und dies bei der Jugendbehörde anzeigt, wird es erstmal einer Beweisprozedur unterzogen und kraft Elternrecht den Eltern „vorgeführt" anstatt es direkt in einer Ersatzfamilie unterzubringen. Unser Staat hält zudem keine Ersatzfamilien bereit, sondern lediglich „Aufnahmelager" in Form der Kinderheime. Die Ausrichtung der kindlichen Entwicklung erfolgte im Kinderheim an dem Leitbild der unangreifbaren Autorität und nicht an dem des Demokraten, obwohl Ende der sechziger Jahre schon über zwanzig Jahre die Demokratie in der BRD eingeführt worden war. Doch so wandelbar ist der Mensch nicht, insbesondere der in Totalorganisationen. Kinderheime, wenn sie denn die Politik nicht wegzudenken vermag und vor der nicht erfolgsversprechenden Kinderwelt weiterhin kapitulieren, müssen in staatliche Trägerschaft unter demokratischer Leitung eingebunden werden, und nicht in autoritäre kirchliche Organisationen, die sich zudem mehr ihren überirdischen Geboten verpflichtet fühlen, als irdischen Notwendigkeiten. **Für die Erziehung von Kindern ist es geradezu fatal, die Liebe nur als göttliche Tugend zu verstehen und nicht als menschliche Tugend, wie es die christliche Lehre postuliert.** Die Festigung unserer Demokratie beginnt bei der Erziehung unserer Kinder in liebevoller Umgebung.

Schon die Analyse der organisationalen Merkmale der Totalorganisation Kinderheim verdeutlicht: Jedes Festhalten an einem solchen Organisationstyp aus Sicht eines Kindes ist absurd. Noch klarer wird dies bei der Analyse der psychologischen Phänomene.

Die folgende Übersicht zeigt die wesentlichen strukturellen Merkmale einer Organisation auf und die aus der Wahrnehmung ehemaliger Heimkinder vorgefundenen Ausprägungen:

Merkmale	Erwachsene	Heimkinder
Zielgerichtetheit • Einwirkung auf eine Personengruppe auf bestimmte Weise	• Heimerzieher • Jugendbehörde • Familiengericht • Kirchenträger	Verbleib bei ihren natürlichen Autoritäten, im Familienclan
• Zusammenhalt	• Dienstleistungsverträge	Zwang, Elternrecht und Vormundschaft
• Selbsterhaltung	• Kraft Einkommenserwerb • Nutzen für Gesellschaft zur Umsorge verwahrloster Kinder	Fehlende natürliche Autoritäten bedeuten Mangelversorgung der kindlichen Seele
• Umweltabhängigkeit	• Wechselseitige Beziehung	Minimale Aussenkontakte
• Mitgliedschaft	• Aufgabenträger • Freiwilliges Mitglied	Aufgabenträger Zwangsmitgliedschaft Verhaltensgestört, stigmatisiert
• Formale Struktur	• Leitung, Koordination • Arbeitsteilung • Kompetenzen • Formalisierung (Regeln)	Untergeben angewiesen zum Arbeiten kompetenzlos für alles verfügbar bedingungsloser Gehorsam
• Rollenstruktur	• Rollenerwartungen • Kontrollsystem gering • Berufstätige • Körperlich überlegen	Menschliche Objekte (Subjekte) Perfekt kontrolliert Lernende, Schüler Schicksalsschlag
• Kommunikationsstruktur	• Anweisungen • Motto: Reden ist Silber, Schweigen ist Gold	Bitten und Danken Reden nur, wenn gefragt wurde
• Autoritätsstruktur	• Befehlsgeber • Sicherung Ziele, Herrschaftsposition • Elternrecht, Vormundschaft • Liebe nur göttliche Tugend	Befehlsempfänger Fluchtgedanken, Überlebensstrategie, Kinderrechte Fehlanzeige Ohne menschliche Liebe seelische Not, Traumata, dauerhafte Nervenbelastung

Abbildung 4   Organisationale Merkmale und ihre Wirkungen

5.2. So wichtig wie Nahrung und Wärme - eine dauerhafte Bezugsperson!

Der Hintergrund meiner Beschäftigung mit psychologischen Aspekten ist insbesondere mit folgenden Fragestellungen umrissen:

1. Ist menschliches Verhalten vorhersagbar?
2. Wodurch unterscheiden sich die Menschen voneinander und welche Gemeinsamkeiten haben sie; wie wichtig ist eine dauerhafte Bezugsperson?

Bei der **ersten Fragestellung** interessierte mich insbesondere die Tatsache, weshalb so viele Heimkinder auf die „schiefe Bahn" geraten und weshalb es ihnen kaum möglich erscheint, aus ihrem „Teufelskreis" herauszukommen:

> *„Der unheilvolle Mechanismus des Kreislaufs von unterer Sozialschicht, Heimerziehung, Jugenddelinquenz, Mangel an gesellschaftlicher Hilfe und beruflicher Ausbildung, Verbleib in der unteren Sozialschicht ist überzeugend aufgewiesen worden. Heimerziehung erscheint hier als Durchgangsphase für das stigmatisierte (= gebrandmarkte, d. Verf.) Kind, dessen Aussichten sie von sich aus kaum zu verbessern vermag"*
>
> (Kupffer 1982 S. 18).

Diese Aussage verdeutlicht im Wesentlichen das Unvermögen erzieherischer Instanzen, aus einer großen Chance, die sich ihnen durch die Kinder bietet, etwas Gutes machen zu können, denn Kinder müssen nicht in diesem „Teufelskreis" bleiben, in dem sie zu stecken scheinen. Doch wer solche Aussagen trifft, gibt - wenn auch unbeabsichtigt - jenem Vorurteil Nahrung, das besagt, dass Heimkindern sowieso nicht zu helfen sei.

Welche von den in der Bundesrepublik existierenden, über 20 Millionen Haushalten können dann noch ein Interesse an Heimkindern haben?

Eine Familie scheint in jedem Fall eine Hilfe sein zu können, während dies für die Totalorganisation Kinderheim auf Grund der bereits getroffenen Ausführungen ja nicht gelten kann. Zudem kann nicht einfach aus dem was ist, gefolgert werden, dass es auch morgen noch so ist. **Nichts ist beständiger als der Wandel.** Dies trifft bestenfalls für die Naturwissenschaften zu, doch im sozialen Bereich unterliegt alles einer Veränderung. **So ist auch menschliches Verhalten nicht vorhersagbar!**

„Das Verhalten des einzelnen Menschen bleibt trotz seiner Zugehörigkeit zur gleichen Spezies und zur Gesellschaft unvorhersagbar aufgrund der unterschiedlichen Stärke und der Interaktion seiner Triebe, aufgrund seiner variierenden körperlichen Mangellagen und aufgrund der verschiedenen auf ihn einwirkenden sozialen Werte" (Brown/Herrnstein 1984 S. 91 ff. u. S. 239)

Es kann sich somit bei der Analyse menschlichen Verhaltens und dem Versuch es vorauszusagen, nur um Vermutungen handeln, wobei selbst ungewiss ist, wie hoch die Wahrscheinlichkeit sein wird, mit der ein bestimmtes Verhalten eines Individuums vorausgesagt werden kann. Solche Versuche gehören in den Bereich der „Vorverurteilungen". Diese sind aber auch typisch für das menschliche Verhalten - gebräuchlich ist der Begriff „Vorurteil":

„Kein Vorurteil wäre bedenklicher als die Annahme, ohne Vorurteile leben zu können. Die schlechthin vorurteilsfreie Existenz ist nicht vollziehbar. ... Es geht ... nicht um die gänzliche Überwindung von Vorurteilen, denn das wäre irreales und insoweit wohl auch inhumanes Ziel ... Besitz und Gebrauch von Vorurteilen sind nicht an ganz bestimmte Persönlichkeitsmerkmale, aber auch nicht an Schulbildung oder Einkommensverhältnisse usw. gebunden. Das Ausmaß der persönlichen Belastung mit Vorurteilen, die auch dann nicht geändert werden, wenn neue objektive Informationen eigentlich zu einer Aufgabe solcher ‚Voraus-Urteile' führen müssten, dürfte bei allen Menschen eine konstante Größe sein. Ein Unterschied besteht nur darin, dass die Wissensgebiete und Meinungsgegenstände, die auf dem Wege über Vorurteile bewältigt werden, zwischen den Menschen verschieden sind. ...

> *Um hier deutlich zu sehen, muss man die ‚Brillen' kennen, durch die man sich wechselseitig betrachtet; wenigstens dies sollte man versuchen, vorurteilsfrei zur Kenntnis zu nehmen, aber schon das allein wird häufig durch eigene Vorurteile verhindert"*
>
> (Bergler 1976 S. 7, 13).

In den bisherigen Ausführungen liegen auch die großen Chancen in der Kindererziehung. Dadurch, dass Verhalten nicht vorhersagbar ist und jeder voller Vorurteile steckt, ist es sehr wichtig, seinen Kindern die Freiräume zu geben, die sie für ihre „Selbstverwirklichung" brauchen. Doch wer kann über seinen eigenen „Schatten" springen?

Hiermit bin ich bereits bei der **zweiten Fragestellung**. Ich habe zunächst die Gemeinsamkeiten zu klären versucht. Auch hierbei hatte ich das Bestreben, Merkmale zu bilden, durch die ich unterschiedliche Gemeinschaftsformen in der Gesellschaft miteinander vergleichen kann, um zu beurteilen, was dem einzelnen Menschen „geboten" wird. Damit habe ich also beispielsweise die Möglichkeit, die Gemeinschaftsformen Organisation, Totalorganisation Kinderheim und Familie miteinander zu vergleichen. Doch zunächst sollen die Merkmale genannt und kurz erläutert werden. Dabei kam es nicht darauf an, zu versuchen, sämtliche möglichen gemeinsamen Verhaltensweisen des Menschen zu beschreiben. Der Autor und Wissenschaftler D. Morris widmet allein über 450 Seiten dieser Thematik (Morris 1978). Ich habe versucht, typische Merkmalsausprägungen, die ich als Ausdrucksformen menschlichen Verhaltens bezeichne, zu finden.

Ich unterscheide folgende Ausdrucksformen menschlichen Verhaltens:

> - Identifizierung (Nachahmung)
> - Mystifizierung (Mystizismus)
> - Idealisierung
> - Emotionalität
> - Sexualität
> - Interessensdurchsetzung
> - Statusdarstellung Und Territorialität
> - Vermeidungsverhalten.

Abbildung 5   Ausdrucksformen menschlichen Verhaltens

I. Identifizierung (Nachahmung)

Identifizierung bedeutet die

> *„weitreichende Übereinstimmung des Handelns und Denkens eines Individuums mit einem Vorbild"*
>
> (Arnold/Eysenck/Meili 1980 Bd. 2, S. 958, die von sozialer Identifikation sprechen)

Identifizierung bezeichnet auch den

> *„Akt oder Vorgang, durch den man in einem oder mehreren Denk- oder Verhaltensaspekten wie etwas oder jemand wird"*
>
> (Brenner 1981a S. 48).

Von besonderer Bedeutung ist diese Identifizierung in den ersten Lebensjahren. Der bekannte Psychoanalytiker Freud war wohl der erste, der uns ein relativ klares Bild von der Bedeutung dieser Identifizierung vermittelt hat. Jede Geburt eines Menschenkindes zeigt uns, wie total hilflos dieses Menschenkind ist. Lange Zeit behält es dieses Stadium der Hilflosigkeit bei. Zunächst ist dabei das Kind auf die Mutter oder den Mutterersatz fixiert. Die auch beim Säugling schon vorhandenen vielfältigen Bedürfnisse werden weitestgehend durch die Mutter befriedigt. Fast vollständige Befriedigung erfährt der Säugling, wenn er von seiner Mutter gestillt wird. Ich vermag nicht behaupten zu können, dass eine Mutter aufgrund des

Stillens für eine volle Befriedigung des Säuglings sorgt. Der Säugling dürfte jedoch in einem weitaus höheren Maße befriedigt werden, als wenn er nicht gestillt würde. Ob die Mutterbindung dadurch verstärkt wird, entzieht sich meiner Kenntnis, jedoch aufgrund der höheren Befriedigung des Säuglings ist es sehr wahrscheinlich, dass dem Säugling ein stabileres Fundament für seine Persönlichkeitsentwicklung gelegt wird. Die Mutterbindung stellt das zunächst und auf Dauer prägende Verhaltensmuster für den Menschen dar. Der Begriff Mutterbindung wird aber auch oftmals in einem weiteren Sinne beschrieben:

> *„Mutterbindung ist die mannigfaltige Wertschätzung oder Liebe eines Menschen gegenüber seiner Mutter. Sie stellt die Gesamtheit aller Erwartungen von Motivbefriedigungen dar, die ihm die Mutter bereitet hat und zum Teil weiter bereiten wird. Der Terminus wird manchmal nur für die extremen Grade von Mutterbindung verwendet, welche die betreffende Person von Bindungen an andere Personen abhalten und von der Mutter nicht loskommen lassen. Die Mutterbindung umfaßt nach S. Freud bei jedem Menschen orale (Bemutterung, Betreuung, Berührung), anale (von der Mutter Dinge und Leistungen verlangen, aber ihr solche auch erbringen müssen) und frühe genitale (sexuelle Interessen an der Mutter) Komponenten, die mehr oder weniger stark gehemmt oder verdrängt sind. Verschiedene Menschen unterscheiden sich nach der qualitativen Komposition, aber auch nach der Stärke ihrer Mutterbindung erheblich voneinander"*
>
> (Arnold/Eysenck/Meili 1980 Bd. 2, S. 1438).

Vielen Menschen ist es nur schwer vorstellbar, dass das Bedürfnis eines Kindes nach einer bleibenden Bezugsperson genauso so wichtig ist, wie Nahrung und Wärme:

> *„Es gelingt ihnen nicht, die Notwendigkeit sozialer Bedingungen einzusehen oder zumindest nicht, sie als ähnlich wichtig anzusehen wie körperliche Entwicklungsbedingungen..."*
>
> (Hemminger 1982 S. 188-189).

Unstreitig ist inzwischen, dass in der frühesten Kindheit nur die für die Identifizierung erforderliche Bezugsperson eine weitestgehend „normale" Verhaltensentwicklung gewährleisten kann. Gerade was dem Kind in den ersten Lebensjahren widerfährt, prägt es in seiner Persönlichkeitsentwicklung (Brenner 1981 S. 223).

> *„Die Fähigkeit zur Nachahmung tritt um den ersten Geburtstag herum ‚von selbst‘, also angeborenermaßen, in Erscheinung, und sie erreicht den Höhepunkt ihres Auftretens um den dritten Geburtstag. Aber selbstverständlich muss diese erstaunliche Fähigkeit durch eine entsprechende Umwelt (zu der unter anderem auch eine soziale Bindung gehört) mit Material versehen werden, soll sie ihre volle fördernde Wirkung auf die Entwicklung entfalten. Das Nachahmen stellt eine besonders effektive und trotzdem eindeutig angeborene Lernstrategie dar, die deutlich zeigt, in welcher Weise vorgegebene Fähigkeiten des zentralen Nervensystems äußere Bedingungen voraussetzen, um zur Wirkung zu gelangen..."*
>
> (Hemminger 1982 S. 190).

Der Ablauf des weiteren Identifizierungsprozesses wird recht anschaulich durch die folgenden Worte beschrieben:

> *„Die Jahre vergehen, und das Kind entdeckt, dass es ein Junge oder ein Mädchen ist; es entdeckt ferner, dass es zwei Eltern hat, eine Mutter und einen Vater, und dass beide verschiedengeschlechtlich sind. Es beginnt, sich mit seinem Imitationsverhalten unbewusst mehr und mehr nach dem gleichgeschlechtlichen Elternteil zu richten. Es wird bereitwillig von beiden Eltern lernen, wird in vieler Hinsicht beide imitieren, wird aber immer mehr nach der Seite des geschlechtsgleichen Elternteils hintendieren. Auf dieser Stufe übernimmt das Kind von den Eltern nicht nur Fertigkeiten und handwerkliche Geschicklichkeit, den Tonfall der Stimme, die Eigenheiten des Gehens, Sitzens und der Gestik, sondern auch viel tieferliegende Züge - emotionales Gleichgewicht und Temperament, einen bestimmten Grad von Leidenschaftlichkeit, Pessimismus und Motiviertheit, eine bestimmte Gerichtetheit seiner Antriebe.*
>
> *Die meisten Kinder weisen, wenn sie nicht mit besonders lieblosen Eltern gestraft sind, zur Zeit ihrer Geschlechtsreife bereits bemerkenswerte Ähnlichkeiten mit ihren Eltern auf. Der Prozess intuitiver (=unbewusster, d. Verf.) Nachahmung, der*

> *sich jahrelang vollzogen hat, hat sie tiefreichend mit vielen der für ihre Eltern charakteristischen Eigenschaften ausgestattet. Oberflächlich mag es viele Unterschiede geben, und in der Pubertät steigern sich diese Unterschiede oft bis zum Konflikt. Dies ist der für den Heranwachsenden so wichtige Mechanismus des ‚Flüggewerdens', der ihm das Gefühl verleiht, so ganz anders als die Generation vor ihm, besonders die eigenen Eltern, zu sein. Die Wahrheit sieht anders aus, denn unter der Oberfläche haben die elterlichen Signale ihren Abdruck hinterlassen und sind im Gehirn des Heranwachsenden fest verankert. Früher oder später werden sie in vielfältiger Gestalt wieder auftauchen"*
>
> (Morris 1978 S. 371 - 373).

Die Identifizierung bleibt somit nicht nur auf die Kindheit und die Zeit des Heranwachsens beschränkt. Es besteht eine Tendenz zur Identifizierung während des ganzen Lebens, wobei sie

> *„offenbar im psychischen Leben anfänglich stärker hervortritt und eine relativ wichtigere Rolle spielt als späterhin"*
>
> (Brenner 1981 S. 50).

Die Tendenz der Identifizierung wirkt nach bei der Erziehung der eigenen Kinder, wobei die Rollen dann vertauscht sind. Eltern neigen im Allgemeinen dazu, ihre Kinder

> *„genauso zu erziehen, wie sie in der eigenen Kindheit von ihren Eltern behandelt wurden. Sie wenden die eigenen moralischen Forderungen, die sie früh in ihrem Leben erworben haben, auf ihre Kinder an, ... "*
>
> (ebenda, S. 111).

Aus der Gesamtheit der Identifizierungen kann eine wichtige gesellschaftliche Funktion abgeleitet werden.

> *„Es resultiert nämlich daraus das zähe Weiterbestehen des Moralkodex einer Gesellschaft, und zum Teil sind darauf der Konservatismus und der Widerstand gegen Veränderungen zurückzuführen, den die Sozialstrukturen zeigen"*
>
> (ebenda S. 112 in Anlehnung an S. Freud).

Die Wirkungen des gesamten Identifizierungsprozesses auf die Persönlichkeitsentwicklung können nicht isoliert von anderen Einflussfaktoren betrachtet werden, obwohl dem Identifizierungsprozess die zentrale und entscheidende Bedeutung zukommt. Mein Anliegen war hier hauptsächlich, auf die besondere Bedeutung des Identifizierungsprozesses in der frühesten Kindheit hinzuweisen, da dies oftmals bei weitem unterschätzt wird. Besonders bedeutsam ist,

> *„was während der ersten beiden Jahren im Leben eines Kindes geschehen ist. Von diesen frühesten Erfahrungen wird es nicht zuletzt abhängen, wie das Kind auf die belastenden Ereignisse der nächsten drei oder vier Jahre reagieren wird"*
>
> (ebenda S. 224),

das heißt je länger die Kindheit in einem für das Kind harmonischen Sinne verlaufen ist, umso höher ist die Wahrscheinlichkeit, dass es mit den dann erlebten und zeitlich begrenzten Extrembelastungen schneller zurechtkommt bzw. damit fertig wird:

> *„Man muss sogar ausdrücklich betonen, dass selbst Bindungsabbrüche, Bindungsschwäche und Bindungslosigkeit keineswegs immer auf lange Sicht zu Verhaltensstörungen führen. Der Eingriff ist schwer, und die Belastung ist entsprechend groß. Aber günstige Umstände können es auch einem so belastenden Kind ermöglichen, seine Entwicklung wieder in anderen Bahnen zu lenken .... Als Faustregel lässt sich also nur angeben, dass die Folgen von Bindungsdeprivationen zwar grundsätzlich wie alle anderen Erfahrungsfolgen durch Erfahrungen in einer neuen Umgebung aufgehoben werden können, das dazu aber der Schwere der Belastung wegen sehr günstige Umstände nötig sind. ... "*
>
> (Hemminger 1982 s. 174-175).

Die Bedeutung des Identifizierungsprozesses lässt sich aufgrund meiner Erfahrungen auch durch folgende Thesen ausdrücken:

- Das Kind ist in erster Linie das Abbild seiner Eltern bzw. einer gegebenen Erziehungskonstellation; die Eltern sind die Hauptvorbilder für das Kind, es sind die **natürlichen Autoritäten**, die nicht ersetzbar sind.

- Die Eltern stellen mit ihren Kindern und den Vorfahren einen Familienverbund dar. Die Kinder nehmen ihre Eltern und deren Vorfahren so wie sie sind und brauchen sich aufgrund der natürlichen Nachahmungsbestrebungen nicht vorzustellen, wie es wäre, wenn sie andere Eltern und Vorfahren hätten. Ein solches Problem stellt sich ihnen nicht. Die Existenz der Eltern und Vorfahren wird in keinster Weise in Frage gestellt.

II. Mystifizierung (Mystizismus)

Vorab eine Anmerkung zur Neuauflage: Der Begriff Mystizismus ist heute eher negativ besetzt, ändert jedoch nichts an dem überirdischen Bezug. Verwendet wird inzwischen als Oberbegriff Spiritualität (auch Transpersonales Verhalten). Statt des Begriffs Mystifizierung wird auch auf den Begriff Mystik abgestellt. Ich belasse es bei dem Begriff Mystifizierung in Gegenüberstellung zum Begriff Identifizierung. Die Uneinigkeit in der Fachwelt zur Verwendung verschiedener Begrifflichkeiten hindert nicht daran, die Herausforderungen und Problemstellungen zu formulieren, denen Kinder gegenübergestellt sind. Nun zum Text aus dem Jahre 1992, der in seinen wesentlichen Aussagen weiterhin aktuell ist.

Mystifizierung beinhaltet ebenfalls Identifizierung. Während ich mit Identifizierung tatsächliche Vorkommnisse erfasse, die konkret nachzuvollziehen sind und die einzelne Menschen betreffen, erfasse ich mit Mystifizierung die Identifizierung mit überirdischen Wesen, die persönlich niemals anwesend sind und die nur in der menschlichen Phantasie existieren. Die Begriffe Mystifizierung und Mystizismus werden oft gleichbedeutend verwandt. Mystizismus

> *„bezeichnet eine Einstellung, bei welcher der Geist in direkte, unmittelbare und innere Kommunikation mit einem heiligen Prinzip tritt, welches den Sinnen und der Vernunft verschlossen ist. In der Religion zeigt sich der Mystizismus in der Ausrichtung der ganzen Existenz (Affektivität, Wille, Intelligenz) auf ein Hinausstreben über die eigenen Grenzen der profanen Daseinsweise, welches in der Erleuchtung der Ekstase gipfelt, die*

man mittels bestimmter Praktiken (Gebet, Läuterung, Askese) zu erreichen versucht"

(Arnold/Eysenck/Meili 1980 Bd. 2, S. 1440)

Es liegt nahe, danach zu fragen, weshalb sich der Mensch mystisch und spirituell verhält, das heißt warum glaubt er an überirdische Wesen, die niemals persönlich anwesend sind?

Die Vielfalt von Erklärungsmöglichkeiten ist hier wohl auch kaum mehr zu überblicken. Aus meiner bisherigen Erfahrung resultieren folgende Überlegungen (vgl. auch Morris 1978 S. 224 - 225):

Der Mensch wird in seinem Leben irgendwann mit dem allerschlimmsten konfrontiert, das auch ihm eines Tages widerfahren wird, nämlich mit dem **Tod**. Durch den Tod erfährt der Mensch, dass auch er eines Tages in dieser irdischen Welt nicht mehr existieren wird. Zurück bleibt ein lebloser Körper, der verwest oder verbrannt wird. Beim Gedanken an den Tod werden die unterschiedlichsten Gefühle wach gerufen, vor allem will man einfach nicht wahrhaben, dass es irgendwann einen selbst trifft. Aber dies kann ja nicht geleugnet werden. Damit man nun nicht davon ausgehen muss, dass mit dem Tod alles vorbei ist und sich die Frage stellen muss, was ich überhaupt mit dem „Erdendasein" anfangen soll, liegt es nahe, davon auszugehen, dass es eine **unsterbliche Seele** gibt. Wenn es möglich ist, dass diese Seele im Jenseits überlebt, habe ich zugleich gewissermaßen ein **„Alibi" für meine Existenz**. Ich bin damit zumindest für eine bestimmte Zeit meine Sorgen über den Tod los und kann mich voll auf meine Aktivitäten auf dieser Erde konzentrieren. Die Sorgen über den Tod stellen sich oftmals dann wieder ein, wenn man durch den Tod von Verwandten und Bekannten direkt betroffen ist. Aber die Sorgen werden nach und nach wieder verdrängt. Vor allem wenn man sich selbst durch Berufs- und Freizeitaktivitäten stark ablenken kann. **Verdrängung** heißt hier nicht, dass man den Tod vergisst, sondern das man ihn als natürlich hinnimmt und damit leben lernt. Oftmals ist es auch so, dass einzelne Menschen über den Tod ihrer nahen Angehörigen aus den unterschiedlichsten Gründen nicht hinwegkommen können, vor allem wenn jemand in jungen Jahren verstirbt. Die damit verbundenen Fragen kann nur der beantworten, - wenn es ihn gibt - der uns aus dem Jenseits zuschaut. Das selbst belastende Ereignis wird damit an einen unpersönlichen Dritten weitergegeben, damit man den eigenen Kopf frei behält für seine weiteren Aktivitäten. **Der Mensch ist** damit auch **ein „Meister der Verdrängung"**, wenn auch nicht dauerhaft, wie ich persönlich feststellen musste. Es kostet jedoch immense Kraftanstrengungen, die nicht jedem gelingen.

Eine weitere Erklärungsmöglichkeit für Mystifizierung entspringt dem **„Triebleben der Kindheit"** (Brenner 1981 S. 188 - 190, Morris 1978 S. 225 - 226), das heißt aus den eigenen Leidenschaften, Ängsten und Konflikten, die man als Kind durchleben muss. So wie die Eltern gegenüber ihren Kindern lange Zeit den Status des Überlegenen haben und vorgeben können, was ihre Kinder zu tun und zu lassen haben, so erfüllt die Mystifizierung in Form der **Religion** im Erwachsenenleben die gleiche Funktion.

„Wie Freud bemerkte, erfüllt die Religion eine dreifache Funktion für die, die an sie glauben. Sie liefert ihnen eine Kosmologie, ein Verhaltenskodex und ein System von Belohnungen und Strafen - die gleichen Funktionen, die in der Kindheit die Eltern erfüllten" (Brenner 1981 S. 191).

Die dritte Erklärungsmöglichkeit für Mystifizierung ist zwar in der zweiten enthalten, hebt jedoch einen anderen Aspekt hervor, und zwar die **„menschliche Neotenie"**. Dabei

> *„handelt es sich um einen biologischen Zustand, dem man bei bestimmten Arten begegnet: jugendliche Merkmale des Tiers werden bis ins Erwachsenenalter beibehalten. Das ist das sogenannte ‚Peter-Pan-Syndrom' (Peter Pan wollte auch niemals erwachsen werden.). Die betreffende Spezies wird niemals ganz ‚erwachsen', sondern pflanzt sich in einer Art ‚jugendlichem' Zustand fort. Der Mensch ist in mehrfacher Hinsicht ein neotenischer Menschenaffe. Ein erwachsener Mensch ähnelt mehr einem jungen als einem erwachsenen Menschenaffen. Er besitzt die Neugier und Verspieltheit eines jungen Menschenaffen.*

Dieser verliert, wenn er erwachsen wird, seine kindliche Verspieltheit, der Mensch dagegen nicht"

(Morris 1978 S. 225).

Sobald die Eltern die Rolle des Überlegenen verlieren, sucht sich der Mensch neue „Eltern", sogenannte „Supereltern", die weiter die gleichen Funktionen erfüllen, wie die eigenen Eltern (ebenda S. 226 - 227).

Aus den Ausführungen zur Mystifizierung lassen sich folgende Thesen formulieren:

→ Der Mensch wird nie ganz erwachsen. Er pflanzt sich in einer Art jugendlichen Zustands fort.

→ Die Eltern erfüllen für das Kind lange Zeit den Status des Überlegenen. Für die Kinder gibt es in der Regel noch keinen inneren Bezug zu mystischen bzw. religiösen Handlungen und zum Tode. Daher ist es für das Kind unbedeutend, welche Kulthandlungen von ihm abverlangt werden. Auch spielt es keine Rolle, ob diese Handlungen nun von „großen" Religionen oder „kleinen" Sekten betrieben werden.

→ Die mystischen Verhaltensweisen der Eltern und Ersatzeltern haben gleichermaßen tiefgreifende Prägungen auf deren Kinder wie die Identifizierung. Sie wirken als „Glaubenssätze" und Übertragungsphänomene im Erwachsenenleben fort.

Ergänzung zur Neuauflage:

Wie tiefgreifend religiöse Prägungen sein können, hat die amerikanische Autorin Phyllis Krystal für mich sehr treffend wiedergegeben:

> *„Von allen christlichen Richtungen übt die Römisch Katholische Kirche noch die größte Macht über ihre Anhänger aus. Jesuiten, Mitglieder eines katholischen Ordens, hatten ein großes Ansehen als Lehrer, und sie pflegten zu sagen, bekämen sie ein Kind bis zu*

> dem Alter von sieben Jahren in ihre Obhut, so würde das Kind die ihm anerzogenen Lehren bis an das Ende seines Lebens treu befolgen. Dies bedeutet aber, dass nicht nur die Eltern über das Kind Macht ausüben, sondern gleich ein ganzes Heer von Lehrmeistern."
>
> (Phyllis Krystal 1990 S. 173).

Mir blieb zwar das Schicksal bei den Jesuiten erspart, jedoch spielte es keine Rolle für mich, ob der katholische Pfarrer ein Jesuit war oder nicht.

Die Autorin führt weiter aus:

> *„Der Einfluss der katholischen Kirche auf ein kleines Kind ist sehr viel größer als der Einfluss anderer christlicher Kirchen. Der Grund hierfür scheint in den Ritualen, in der inspirativen Musik, im Weihrauch, in der üppigen und farbigen Kleidung des Priesters und der in Latein verfassten Gebete und Lieder zu liegen. Kaum zensiert oder bewusst verarbeitet kann alles in das Unbewusste eindringen"*
>
> (ebenda).

In mir blieb noch eine stärkere Kraft, die es schaffte, trotz über sechsjähriger Messdienerschaft in einer katholischen Einrichtung die Differenzierung zwischen Identifizierung und Mystifizierung leben zu können. Es war die Mutterliebe, meine Liebe zu meiner Mutter, geprägt in einer Phase, die die Tiefenpsychologen zwischen dem vierten und sechsten Lebensjahr ansetzen:

> *„Irgendwann zwischen dem vierten und sechsten Lebensjahr empfinden Kinder eine spezielle Bindung und Anziehung zum gegengeschlechtlichen Elternteil. Dieses Phänomen ist tatsächlich so universell, dass die alten Griechen die unseligen Folgen dieses ungelösten Dilemmas in den Schauspielen König Ödipus und Elektra dargestellt haben. ...Vorwiegend im Alter von fünf Jahren „verlieben" sich kleine Mädchen gewöhnlich in ihren Papa und kleine Jungs in ihre Mama. Das ist ein normales, gesundes Entwicklungsstadium. In diesem Alter „flirten" Kinder mit dem gegengeschlechtlichen Elternteil. Das*

ist kein Flirten im erwachsenen, erotischen Sinn, sondern eher ein entwicklungsgemäßes „Üben". In anderen Worten: Die Verhaltensweisen, die später einen Teil des Repertoires für Flirts mit gleichaltrigen Jugendlichen bilden, werden erst zu Hause ausprobiert, wo es sicher sein sollte. Das ist die Zeit, in der kleine Mädchen zu ihren Vätern sagen: „ich liebe dich, Papa. Ich möchte dich heiraten und ein Baby bekommen". In diesem empfindlichen, verletzbaren Alter braucht das Kind für seine gesunde Entwicklung eine Bestärkung von Seiten des Vaters, indem er beispielsweise zärtlich zu ihm sagt (und das auch meint): „Ich hab dich auch lieb, Schätzchen, aber Papa ist mit Mama verheiratet. Wenn du groß bist, kannst du einen besonderen Menschen ganz für dich allein heiraten und wenn du möchtest, kannst du auch Kinder mit ihm haben". (Peter A. Levine 2011 S. 88-89).

Es stellt sich nun kraft dieser tiefprägenden Phase die Frage, was passiert, wenn diese Phase nicht so ablaufen kann bzw. anders abläuft, wenn Mutter und/oder Vater fehlen? Diese Frage kann ich hier nicht vollends klären. Festzuhalten bleibt, es bleibt die Prägung in dieser Zeit an den mich umgebenden Menschen und die mich umgebende Situation. **Ein Kinderheim** ist hier eine menschliche Katastrophe, **der größte anzunehmende Unfall (ein GAU)**, ein lebenslanges Trauma.

III. IDEALISIERUNG

Der Begriff Idealisierung wird laut Duden gleichbedeutend mit Idealismus gebraucht und wie folgt erklärt:
„Überordnung der Gedanken-, Vorstellungswelt über die wirkliche;
Streben nach Verwirklichung von Idealen"
(Duden Bd. 1, 1980).

Ein Ideal ist ein „dem Geiste vorschwebendes Muster der Vollkommenheit; Vor-, Wunschbild" (ebenda).

Ausgangspunkt meiner Betrachtung sind hier die Phänomene, die ich bereits bei der Darstellung der Identifizierung und Mystifizierung beschrieben habe. Als erstes Ideal lernt der Mensch seine Eltern kennen. Die Eltern sind in allen Belangen Vorbild für den kleinen Erdenbürger und für eine bestimmte Zeit stellen die Eltern sogenannte Alleskönner dar. Es ist ganz verständlich, dass das Kind sein will wie seine Eltern, jedoch in dem es dies will, setzt es sich gleichzeitig auch über seine eigenen Möglichkeiten hinweg. Identifizierung bedeutet also auch Idealisierung. Die Kinder merken sehr bald, dass die Eltern natürlich keine Alleskönner sind, jedoch behalten die Eltern für eine doch recht lange Zeit noch den Status des Überlegenen, das heißt desjenigen, der größere Fähigkeiten hat, bei. Sobald die Kinder selbst erwachsen geworden sind, tritt die Idealisierung scheinbar zurück. Dies ist jedoch ein Trugschluss, wie bei der Darstellung der Identifizierung und Mystifizierung deutlich wurde. Die Mystifizierung bedeutet eine noch stärkere Idealisierung, denn hier existieren ja keine wirklichen Wesen, sondern nur die in der Vorstellungswelt des einzelnen.

Nun stellen zunächst sämtliche Bestrebungen bzw. Ziele, die der Mensch verfolgt, auch Ideale dar (Wunschvorstellungen). Auch wenn andere Menschen die gleichen Ziele bereits erreicht haben, so kann daraus nicht geschlossen werden, dass man sie auch er- reicht. So kann etwas für den einen Mitmenschen als Ideal er- scheinen, während es für einen anderen Menschen realistisch ist. Schließlich äußern sich stets Menschen darüber, ob etwas realistisch oder idealistisch ist. Am deutlichsten ist die Grenzziehung zwischen Idealismus und Realismus in der Wissenschaft. Dort spricht man von Modellen oder Idealtypen. Diese Idealbildungen dienen dazu, die Realität beschreiben zu helfen. Gleichzeitig soll im Problemfall aus den Idealen ein Konzept abgeleitet werden, um damit zwar nicht unbedingt das Ideal zu erreichen, jedoch sich dem Ideal anzunähern. Ein Ideal macht insofern auch auf die eigenen Defizite aufmerksam. Allzu leicht gerät man beim Streben nach Idealen in den Verdacht des Perfektionismus, wobei dies jedoch nichts „Schlechtes" ist, im Gegenteil: hätten viele Menschen nicht das Streben nach Perfektionismus, wären viele Fortschritte nicht vorstellbar. Die Idealisierung umfasst sämtliche Lebensbereiche. Ein Ideal kann zudem alles sein, was vorstellbar ist: eine Person, eine Sache, eine Handlungsweise, ein Gesichtsausdruck, ein Gesetz, Gebot usw. So sind beispielsweise auch die zehn Gebote in der Bibel eine Idealvorstellung, denn würden sich alle Menschen danach verhalten, hätten wir das Paradies auf Erden. Jeder weiß selbst, wie weit wir davon weg sind und dass wir auf dieser Erde nicht dahin gelangen, denn im Menschsein wirkt Gutes und Böses gleichermaßen. Als Sinnbild allen Guten gilt das Wesen Gott, ausgestattet mit Allmacht und Liebe, das Böse wird durch den Teufel verkörpert, trotz der Allmacht Gottes.

IV. EMOTIONALITÄT

Emotionalität ist der

> *„Sammelbegriff für die individuelle Eigenart des Gefühlslebens und der Affektsteuerung und -verarbeitung"*
> (Arnold/Eysenck/Meili 1980 Bd. 2, S. 454).

Jeder Mensch zeichnet sich dadurch aus, dass er Gefühle hat. Den gefühllosen Menschen gibt es nicht, auch wenn im alltäglichen Sprachgebrauch der Begriff „gefühllos" im Zusammenhang mit der Charakterisierung bestimmter Menschen verwandt wird. Gefühllos bedeutet dann nur, dass andere Menschen nicht die Gefühle zeigen, die man selbst zeigt. Wie sind wir nun während unserer eigenen Entwicklung durch Emotionen geprägt?

Ich knüpfe hierbei wieder bei der Identifizierung an. Wie ich bereits ausführte, ist das Kind während eines sehr langen Zeitraums sehr hilflos. Die erste Phase unseres Lebens ist - wenn sie nicht ganz glücklos verläuft - ausschließlich dadurch gekennzeichnet, dass sie auf der Basis von Emotionalität abläuft. Am treffendsten lässt sich diese Phase auch mit dem Begriff „Elternliebe" beschreiben. Elternliebe ist

> *„umfassender Begriff für die Geborgenheit gebende emotionale Bindung der Eltern an das Kind, der von ‚Eros' einerseits und ‚Machtanspruch' andererseits abzugrenzen ist. Als Vollzug steten Dialogs verwirklicht sich Elternliebe in der bejahenden Zuwendung zur werdenden Person, der Sorge um ihre*

Entwicklung und der bewirkten Erwiderung durch das Kind. Elternliebe ist Voraussetzung seiner gesunden Reifung"

(ebenda S. 452)

Die uns zuteil gewordene Elternliebe stellt die Basis unserer eigenen emotionalen Entwicklung dar. Sie ist fester Bestandteil der eigenen Persönlichkeitsentwicklung. Dort, wo Elternliebe fehlt, stellen sich zwangsläufig Verhaltensdefizite ein.

V. SEXUALITÄT

Den Begriff Sexualität verwende ich hier im psychologischen und biologischen Sinne:

> *„Psychologisch ist die Sexualität das unmittelbar mit dem Begegnen der zwei Geschlechter - und bei manchen Arten mit der Kopulation - assoziierte Verhalten, das zur Befruchtung führen kann. Bei den Menschen kann sich die Sexualität spezifisch auf den Kopulationsakt, auch heterosexueller Geschlechtsverkehr genannt, beziehen; ihr Bereich aber dehnt sich auch aus auf das ähnliche sexuelle Verhalten zweier Individuen gleichen morphologischen Geschlechtes (Homosexualität)"*

(ebenda, Bd. 3, S. 2045).

Die grundlegende Bedeutung der Sexualität liegt sicherlich darin, dass sich der Mensch fortpflanzt. Menschen, die dies nicht wollen, müssen sich darüber klar sein, dass sie einen Beitrag zum Aussterben der eigenen Art leisten. Begründet wird dies hauptsächlich mit dem Bestreben nach Identifizierung mit einem überirdischen Wesen. Man mag zu diesem Ziel stehen wie man will. Bei meinen weiteren Betrachtungen muss ich diese Zielsetzung jedoch ausklammern, denn genauso wenig wie es den gefühllosen Menschen gibt, genauso wenig gibt es den geschlechtslosen Menschen. Wie nun manche Mitmenschen mit ihrer Geschlechtlichkeit bzw. Sexualität leben, bedarf hier ebenfalls keiner weiteren Erläuterung. Ich beschränke mich auf den Aspekt der natürlichen Fortpflanzung. Kennzeichnend ist dabei, dass die Fortpflanzung nicht nur rein mechanisch abläuft und sich nur auf den Geschlechtsakt beschränkt. Dem Geschlechtsakt gehen bereits vielfältige intime Körperkontakte voraus, wobei die intime Annäherung durch den Austausch von Zärtlichkeiten (dem Vorspiel) stufenweise verläuft (Morris 1978 S. 363). Während des Geschlechtsaktes erlebt der Mensch charakteristische Veränderungen (vgl. Arnold/Eysenck/Meili 1980 Bd. 2, S. 1519 Stichwort „Physiologie des Orgasmus", Bd. 3 S. 2051 Stichwort „Sexueller Reaktionszyklus"). Der Orgasmus hat zentrale Bedeutung für den Energiehaushalt des Organismus:

> *„eine verminderte Liebesfähigkeit ('orgastische Potenz') bewirkt eine Störung des gesamten Energiehaushaltes, die Folgen sind einzelne neurotische Störungen bzw. eine deformierte Charakterstruktur"* (ebenda Bd. 3 S. 2050-2051).

Eine Beschränkung der Sexualität nur auf die Fortpflanzung ist menschlich betrachtet nicht nur falsch, sondern geradezu gefährlich, weil dabei eine weitere Funktion sexueller Handlungen übersehen wird:

> *„ ... die Herstellung einer Partnerbindung. Jegliche sexuelle Vorspielhandlung dient nicht nur dazu, einen Partner zu suchen, auszuwählen, ihn sexuell zu erregen und die gemeinsame Erregungssteigerung so zu steuern, dass der orgastische Höhepunkt gemeinsam erlebt wird, sondern dient auch zur Herstellung und Bekräftigung der Bindung zwischen den Partnern, jener Bindung, durch die sie auch als Eltern einer Familie noch wirksam zusammengehalten werden"*
> (Morris 1978 S. 364).

Die Notwendigkeit zur Erhaltung der Partnerbindung über die Sexualität wird besonders deutlich, wenn man sich die Aufgaben betrachtet, die sich insbesondere durch den Nachwuchs ergeben:

> *„Die Kinderaufzucht ist beim Menschen eine enorme Belastung, und der Nachwuchs beansprucht ungeheuer. Wie andere Gattungen mit ähnlichen Aufzuchtproblemen behilft sich auch der Mensch mit einem System der Kooperation: Mann und Frau teilen sich als Elternpaar in die Aufgabe. Zu zweit können sie den Nachwuchs aufziehen, den ihre sexuelle Aktivität hervorgebracht*

> hat. Bliebe diese Aufgabe der Mutter allein überlassen, sie stünde vor einem unlösbaren Problem. Der sexuelle Lustgewinn aus variierten erotischen Vorspielhandlungen hilft mit, diese zentral wichtige Liebesbeziehung zu erhalten" (ebenda S. 364 - 365).

Interessant ist nun auch die Frage, woher sich unsere sexuellen Verhaltensweisen entwickelt haben. Eine einfache Antwort hierauf lautet:

> „Die meisten der dem Erwachsenen vertrauten körperlichen Zärtlichkeiten leiten sich von dem in früher Kindheit erfahrenen intimen Körperkontakt zu den Eltern her" (ebenda S. 367).

Deutlich ist hier auch die Beziehung zur Identifizierung hergestellt. In der Sexualität zeigen sich - wie in anderen Lebensbereichen - die vielfältigen Erscheinungsformen der Identifizierungsbestrebungen, wobei ein wesentliches Merkmal hervortritt: während in fast alle anderen Tätigkeitsbereiche auch Dritte Einblick nehmen bzw. das Verhalten öffentlich zugänglich ist, bleibt das sexuelle Verhalten innerhalb fester Paarbeziehungen in der Regel unzugänglich.

> „Die meisten Leute geben sich Mühe, Selbstentblößungen in der Öffentlichkeit zu vermeiden. Diese Zurückhaltung ermöglicht es einigen wenigen, ihren Lebensunterhalt damit zu verdienen, dass sie sich zur Unterhaltung der anderen willentlich entblößen oder auch noch etwas mehr tun" (ebenda S. 317).

Sexuelles Verhalten wird als solches in der Regel öffentlich nur aus sachlichen Erwägungen heraus betrachtet. Der ganze Gefühlsaustausch, der mit der Sexualität einhergeht, bleibt unberücksichtigt und ist scheinbar so selbstverständlich, dass dies auch keiner besonderen Erwägung bedarf. Dabei sind es oftmals gerade die Selbstverständlichkeiten, aus denen Probleme resultieren. Auch bei der Sexualität spielt es eine besondere Rolle, wie die Identifizierungsprozesse abgelaufen sind:

„*Auch damals haben wir ja eine starke Liebesbeziehung aufgebaut, die sich durch intensives Kuscheln, Tätscheln, Küssen und Streicheln äußerte. Beim Größerwerden schränkten wir diese Kontaktformen weitgehend ein. In unserer Schulzeit erreichten wir irgendwann einen Punkt, an dem wir uns von den zärtlichen Elternbindungen losreißen wollten und sie mehr und mehr zurückwiesen. Als wir dann unsere kindlichen Körperbeziehungen abgeschüttelt hatten, waren wir für das Erlebnis der eigenen sexuellen Reifung gerüstet. Dieses aber zog uns wieder in eine Welt liebevoller körperlicher Zärtlichkeit zurück, jetzt allerdings mit einem geliebten möglichen Partner. Der Prozess der zunehmenden Einschränkung kindlicher Zärtlichkeitsformen kehrte sich nun schlagartig wieder um, all die alten Berührungen und Umarmungen erschienen von neuem, und wir gaben uns ihnen immer weiter hin, bis wir uns nackt in den Armen eines geliebten Menschen wiederfanden, an jene längst vergangene Zeit körperlicher Zärtlichkeit anknüpfend, in der wir als nackte Säuglinge in den Armen unserer Mütter gelegen hatten ... Die Grundbindung zwischen Mutter und Kind erwächst aus der engen körperlichen Verbundenheit beider, und auf derselben Grundlage entwickeln sich die späteren Liebesverhältnisse, die Liebenden tauschen untereinander diejenigen Berührungen aus, mit denen sie Liebe und Fürsorge auszudrücken gelernt haben. Eine entgegengesetzte Auffassung hat schrecklichen Schaden angerichtet. Sie führte bei vielen Eltern zu einem schlechten Gewissen, wenn sie an den zärtlichen Umarmungen ihrer Kinder Freude empfanden. Sie gingen mit körperlichen Liebesbezeigungen sparsam um. Kinder, die eine derartige Zurückhaltung erfuhren und selbst annehmen, werden es unter Umständen viel schwerer haben, als Erwachsene die Bedeutung voll entfalteter körperlicher Zärtlichkeit für ihre eigenen sexuellen Beziehungen zu begreifen. Eine liebevolle Kindheit ist die Grundlage für ein liebevolles Leben als Erwachsener*"

(ebenda S. 367).

Den obigen Worten ist eigentlich nichts mehr hinzuzufügen. Ein Problem ist dabei lediglich noch offen, wobei dies nichts an den dargelegten Sachverhalten ändert. Unterstellt wird, dass man irgendwann für das Erlebnis der eigenen sexuellen Reifung gerüstet ist. Wann dies ist, bleibt offen. Seitens der Erwachsenenwelt werden hierbei jedoch oft unter dem Aspekt der Sozialisation Beschränkungen auferlegt:

> „ ... Sozialisation ist das Hineinwachsen des Individuums in die Gesellschaft durch Verinnerlichung ihrer Werte und Erlernen der ihr angemessenen Verhaltensweisen. Der sexuelle Sozialisierungsprozess ist erschwert durch die Diskrepanz zwischen dem Alter bei Erreichen der Pubertät und dem bei Erreichen des sozialen Erwachsenenstatus, die jugendliches Sexualverhalten (als ‚voreheliches') zu abweichendem Verhalten werden lässt. Der sexuelle Sozialisierungsprozess ist weiter erschwert durch die Diskrepanz zwischen dem sexuellen Normensystem einer bürgerlichen Gesellschaft (Tabuierung Sexualität, Forderung nach Triebverzicht, Monopolisierung der Sexualität auf die Ehe u. a.) und dem im Jugendalter besonders starken Bedürfnis nach Triebbefriedigung. Paradox ist die Erziehungssituation, in der einerseits diese inhibierenden Normen für die Zeit vor der Ehe und andererseits die Forderung nach vollem Ausleben der Sexualität in der Ehe aufgestellt werden, das heißt man soll von einem bestimmten Zeitpunkt an eine Fähigkeit beherrschen, die man nicht erlernen durfte. Entsprechend ambivalent sind die Ansätze der Sexualaufklärung und Sexualpädagogik"
>
> (Arnold/Eysenck/Meili 1980 Bd. 3, S. 2052 - 2053).

Besonders bedeutsam ist auch hierbei, inwieweit ein bestimmtes Sexualverhalten bereits durch die eigenen Eltern vermittelt wurde. Jede Sexualaufklärung und Sexualpädagogik durch Dritte umfasst lediglich die sachlichen Betrachtungsebenen. Die Vorbildfunktion der Eltern ist ausschlaggebend für das Verhalten des Kindes. Die tragenden Säulen der Persönlichkeitsentwicklung stellen dabei die Identifizierung, die Emotionalität und die Sexualität dar. Auch wenn der Frau als Mutter in den ersten Lebensmonaten die zentrale Funktion zufällt, so ist sie auf die Unterstützung einer weiteren Person angewiesen. Kinderaufzucht stellt eine hohe Beanspruchung dar. Es wäre nicht plausibel, wenn das „Produkt" gemeinsamer sexuelle Aktivität nun nur von einem Partner allein weiter „bearbeitet" werden würde. Daher teilen sich idealerweise Mann und Frau die erforderlichen „Aufgaben". Fällt aus irgendwelchen Gründen ein Partner aus, so muss die Umwelt Unterstützung leisten und zwar nach dem Motto der Hilfe zur Selbsthilfe. Auch der Alleinerziehende stellt mit seinen Kindern einen Familienverbund dar, der für die Kinder von existentieller Bedeutung ist. Nur eine liebevolle Kindheit ist die Grundlage für ein liebevolles Leben als Erwachsener.

VI. Interessendurchsetzung

Die Durchsetzung eigener Interessen, das heißt von Zielen, Anliegen und Wünschen ist jeweils abhängig von den gesellschaftlichen, organisationalen und individuellen Bedingungen. Maßgeblicher Anteil an der direkten Interessensdurchsetzung kommt dem eigenen Willen zu. Bekannt ist der Ausspruch:

Wo ein Wille ist, da ist ein Weg!

Die menschliche Gemeinschaft zeichnet sich durch eine Interessensvielfalt aus. Neben individuellen Interessen gibt es Gemeinschaftsinteressen wie die von Verbänden, Religionsgemeinschaften, Vereinen, Firmen, Parteien, Arbeitnehmern, Arbeitgebern, öffentlichen Einrichtungen usw. Man könnte annehmen, dass jede der Interessengruppen grundlegend andere Interessen verfolgt und keinerlei Gemeinsamkeiten zwischen den Interessengruppen existierten. Bei näherer Betrachtung erweist sich dies als Fehleinschätzung. Die Interessen, die jeder für sich und andere verfolgt, haben weitaus mehr Gemeinsamkeiten, als es dem ersten Anschein nach der Fall ist. Zur Interessensdurchsetzung bedient sich der Mensch seines ganzen Verhaltensrepertoires, wobei es nicht nur um bewusstes Handeln geht, sondern in gleichem Maße um unbewusstes und gewohnheitsmäßiges Handeln. Das menschliche Verhalten ist gerade durch mehr Gemeinsamkeiten gekennzeichnet als durch Unterschiede. Würden die Unterschiede dominieren, wäre menschliches Zusammenleben nur schwerlich vorstellbar.

Jeder Mensch ist immer von irgendeinem anderen in der Gemeinschaft in irgendeiner Form abhängig. Die totale Abhängigkeit besteht in den ersten Lebensjahren, das heißt eine Abhängigkeit in jeder Hinsicht. Die Abhängigkeit löst sich mit zunehmendem Alter, bleibt jedoch immer bis zu einem bestimmten Grad erhalten. Nur diejenigen, die tatsächlich allein auf einer einsamen Insel leben, können von sich behaupten, sie wären von niemandem abhängig. Doch dies ist die seltenste Ausnahme. Jeder von uns wertet Abhängigkeiten in unterschiedlicher Weise und jeder kann sich selbst auch nur in unterschiedlichem Maße zu einem anderen Menschen bzw. zu etwas in Abhängigkeit begeben. Unter anderem auch aufgrund der in den ersten Lebensjahren erlebten totalen Abhängigkeit fällt es dem Menschen nicht schwer, weiterhin in Abhängigkeit zu leben. Dies verschließt zum Teil dem Menschen auch den Blick dafür, Gefahren zu erkennen, die in jedem Abhängigkeitsverhältnis stecken. Doch die erlebte Abhängigkeit ist allein noch kein Grund, um sich mit anderen Menschen zu verbinden, jedoch erleichtert es die Gruppenbildung sowie die eigene und die gemeinsame Interessenwahrnehmung. Die Grundlage der Interessensdurchsetzung sind letztlich die Eigenschaften, die jeder Mensch durch sein Elternhaus vermittelt bekommen hat und die u. a. mit den beschriebenen Ausdrucksformen Identifizierung, Mystifizierung, Idealisierung, Emotionalität und Sexualität erläutert wurden. Die Art der Interessensdurchsetzung geschieht auf vielfältige Weise.

Markante Merkmale sind dabei u. a.:

- die Fähigkeit des Menschen, sofortige Befriedigung von Bedürfnissen zugunsten zukünftiger Ziele hinauszuschieben,
- die Fähigkeit, sich auf das Wesentliche zu konzentrieren,
- die Fremdgruppenabwertung,
- der Bluff,
- die Willenskraft.

Mit dem Begriff Fremdgruppenabwertung ist gemeint, dass Menschen die Neigung haben, Unterschiede bei anderen Menschen abwertend auszulegen (Brown/Herrnstein 1984 S. 301). Dies kann bewusst als auch unbewusst erfolgen. Deutlich wird dies bei der Betrachtung der Mitmenschen, die nicht zum Familienverbund gehören. Die Familie stellt eine Einheit dar und in der Regel wertet keiner den anderen ab. Schließlich sind alle aus dem „gleichen Fleisch und Blut". Außerhalb der Familie zeigt sich jedoch eine Tendenz zur Fremdgruppenabwertung, das heißt Familienmitglieder legen Unterschiede bei den nicht zur Familie gehörenden Mitmenschen abwertend aus. Dies gilt auch bei jeder Gruppenbildung außerhalb der Familie. Mitmenschen, die nicht zur selben Gruppe gehören, werden hinsichtlich ihrer Erscheinung abwertend betrachtet.

Jeder Mensch unterscheidet sich im Einzelfall von anderen Menschen in dem Ausmaß, wie er seine Interessen durchgesetzt bekommen will und welcher Mittel er sich dabei bedient. Die Interessen sind bezogen auf das menschliche Verhaltensrepertoire lediglich Nuancen menschlichen Verhaltens und Zusammenlebens. Jeder Mensch ist ein interessegeleitetes Wesen.

VII. STATUSDARSTELLUNG und TERRITORIALITÄT

Der Mensch hat sich Rangordnungen in den nur begrenzt zur Verfügung stehenden Territorien geschaffen (soziale „Hackordnung").

> *„Menschliche Rangordnungen ergeben sich aus den Werten, die den zahllosen individuellen Unterschieden beigemessen werden. Zur Bestimmung des Rangplatzes werden insbesondere die Unterschiede herangezogen, die den sozioökonomischen Status ausmachen. Aber auch die individuellen Unterschiede, die zum persönlichen Aussehen beitragen, sind von Belang"*
>
> (Brown/Herrnstein 1984 S. 342).

Die heutige Statusdarstellung ist sehr vielfältig und feinfühlig geworden:

> *„Die Muskelkraft ist der ererbten Macht, der organisatorischen Macht und der schöpferischen Macht gewichen. Längst überflügelt sind die stärksten Muskelprotze heutzutage von den Spitzen-Erben, den Spitzen-Managern und den Spitzen-Talenten. Jede dieser Gruppen mit hohem Status hat ihre eigenen Formen der Dominanzdarstellung. Statt der Muskelpakete stellt*

> *der Erbe nun seine Ahnentafel, der Manager seinen Einfluss und das begabte Talent seine Werke zur Schau"*
>
> (Morris 1978 S. 175).

Die Statusdarstellung erfolgt heute in „gedämpfter" Form.

> *„Moderne Präsidenten besitzen viel Macht, tragen jedoch unauffällige, einfache Kleidung. Allerdings kann hier die Kostümpracht auf die Leibwache übertragen werden" (ebenda S. 176).*

Auf einer anderen sozialen Ebene treffen wir auf das „In-Sein".

> *„Es handelt sich dabei um eine Handlung oder ein Objekt, das deswegen hohen Status anzeigt, weil es ausschließlich von Leuten mit hohem Status ausgeführt oder besessen wird. Es ist nicht immer etwas kostspieliges, aber stets etwas Modisches"*
>
> (ebenda S. 177).

Auf den unteren Rängen der sozialen Hierarchie zeigen sich die Statusunterschiede ebenfalls auf charakteristische Weise. Da gibt es den Nachahmer, der sich beispielsweise kein echtes Gemälde leisten kann, sich dafür aber eine Reproduktion an seine Wand hängt; den Prahler, der etwa Namen berühmter Leute erwähnt, mit denen er angeblich bekannt sei; den Witzbold, der seine Mitmenschen unterhält und damit die Nachfrage nach seiner Person steigert; der Dauerredner, den Diskutierer usw. (ebenda S. 180). Leider gibt es auch noch den sogenannten

> *„Neo-Primitiven, der verzweifelt auf die urzeitliche Muskelkraft zurückgreift, um überhaupt eine Art von persönlicher Dominanz zu demonstrieren. Es handelt sich hierbei um die Gruppe der Straßenräuber, Vergewaltiger und Schläger. Sie alle wollen - wenigstens für einen kurzen Augenblick - die Lust der gewalttätigen Überlegenheit über einen anderen Menschen spüren. Die Tatsache, dass es sich hier um die Beherrschung anderer mit Hilfe der denkbar brutalsten Mittel handelt, schreckt sie von ihrem Tun nicht ab. In der Regel ist das alles, was sie erreichen können und auch erreichen wollen"*
>
> (ebenda S. 182).

In engem Zusammenhang mit der Statusdarstellung steht die Territorialität. Ich verstehe darunter die

> *„Verteidigung eines abgegrenzten Gebietes"*
> (Morris spricht von Territorialverhalten ebenda S. 183; Brown/
> Herrnstein sprechen von Revierbildung).

Es können drei Arten von Territorien unterschieden werden:

> *„Das Stammes-, das Familien- und das persönliche Territorium"*
> (Morris 1978 S. 183).

Dem Stammesterritorium liegt die Gruppe als fundamentale soziale Einheit zugrunde und zwar jene Gruppe, in der jeder den anderen kennt. Das Familienterritorium stellt die Fortpflanzungseinheit und Aufzuchtstätte dar. Verlässt die Familie ihr Heim, steckt sie ebenfalls ihr Territorium ab. Das persönliche Territorium umfasst den unmittelbaren Raum um uns herum, die sogenannte Ellbogenfreiheit. Ignoriert jemand diese Distanz, fühlen wir uns bedroht. Der persönliche Umraum ist ein lebenswichtiges Bedürfnis.

> *„Unsere gesamte Kindheit ist geprägt durch die Erfahrung körperlichen Kontakts: Sowohl beim Liebkostwerden als auch beim Geschlagenwerden hat man uns festgehalten, und auch als Erwachsene verbinden wir mit jedem Einbruch in unseren persönlichen Umraum die Erwartung, es werde zu einer Eskalation in Richtung auf einen dieser beiden emotional hochgeladenen Pole kommen. Auch wenn die Motive des sich Nähernden weder feindseliger noch sexueller Natur sind, fällt es uns schwer, unsere negative Reaktion auf ihre Annäherung zu unterdrücken"*
> (ebenda S. 198).

VIII. VERMEIDUNGSVERHALTEN

Immer dann, wenn sich der Mensch überfordert fühlt, versucht er, sich dieser Überforderung zu entziehen. Da dies nicht immer möglich ist und in bestimmten Situationen auch gar nicht, treten ganz typische Verhaltensweisen ein, die klar signalisieren, dass sich jemand überfordert fühlt. Von Bedeutung ist hierbei auch das unbewusste Verhalten.

„Die einfachste Lösung ist, uns aus der Gesellschaft so lange völlig zurückzuziehen, bis wir uns von der Reizüberfütterung soweit erholt haben, dass wir wieder in den Kampf ziehen können. Eine andere Möglichkeit besteht darin, dass wir krank werden und uns ins Bett legen, eine weitere, und zwar extreme, dass wir einen ‚Nervenzusammenbruch' bekommen.

Oder wir nehmen sogenannte Tranquilizer (psychische Beruhigungsmittel); wir können auch ab und zu zur Flasche greifen oder uns unter Drogeneinfluss setzen, um dem auf uns einstürzenden Chaos zu entgehen. Schließlich bleibt noch die Meditation, bei der wir uns ganz in uns zurückziehen und die Außenwelt eine Weile sich selbst überlassen.

Aber all diese Vorgänge gehen weit über die normalen Formen des Abschaltens hinaus, die wir im Alltagsleben benutzen. Wir mögen bisweilen zu der einen oder anderen der genannten Möglichkeiten getrieben werden, doch es sind drastische Lösungen für Extremfälle. Die weit häufiger vorkommenden leichteren Streßsituationen meistern wir flexibler. Ein weitverbreitetes Mittel ist, einfach die Augen zu schließen: Wir verschließen die Fenster vor den andrängenden visuellen Reizen"

(ebenda S. 244).

5.3. Nicht Berufstätige sind gefragt, sondern Menschen als Vorbilder mit Privatsphäre und Autonomie

Anhand der aufgezeigten psychologischen Phänomene fällt es relativ leicht, verschiedene Gemeinschaftsformen zu betrachten. Da jeder Mensch eine unterschiedliche „Brille" hat, mit denen er seine Mitmenschen betrachtet, ist natürlich die Sichtweise des einzelnen zur angesprochenen Thematik von Interesse. Meine Sichtweise war die aus der Betrachtung ehemaliger Heim- und Pflegekinder, die auch heute noch alle einen lebenden Elternteil haben. Da wir teilhaben konnten an der Elternliebe, jedoch aufgrund staatlicher Anordnung auf sie verzichten mussten, kann relativ deutlich aufgezeigt werden, worin die Bedeutung der Familie liegt. Sicherlich ist uns klar, dass es die Ideal-Familie nur auf dem Papier gibt und auch jeder eine unterschiedliche Meinung darüber hat, was unter einer „normalen" Familie zu verstehen ist. Für jeden Menschen sind jedoch die aufgezeigten psychologischen Phänomene lebensnotwendig.

Es ist nicht genau bestimmbar, in welchem Ausmaß die Verhaltensformen in den einzelnen Gemeinschaftsformen zur Geltung kommen. Für die menschliche Entwicklung sind die mit der Identifizierung verbundenen Verhaltensmerkmale die wichtigsten. Daran orientiert sich jeder sein Leben lang. Die Identifizierung ist in einer Totalorganisation Kinderheim nicht gewährleistet, da es dem Erzieher nicht möglich ist, für ein paar Dutzend oder auch ein paar wenige Kinder den Vater oder die Mutter zu ersetzen. Jedes Festhalten an einer Totalorganisation Kinderheim widerspricht daher der kindlichen Natur und ist absurd. Für die Familie gibt es keinen Ersatz.

Aus der folgenden Übersicht kann entnommen werden, wo die enormen Defizite in der Entwicklung von Heimkindern liegen:

Verhaltensart	Organisation	Kinderheim	Familie
Identifizierung	o	-	+
Mystifizierung	-	+	o
Idealisierung	+	+	+
Emotionalität	-	-	+
Sexualität	-	-	+
Interessens-durchsetzung	o	-	+
Statusdarstellung	+	-	+
Territorialität	+	-	+
Vermeidung	o	+	-
Privatsphäre	-	-	+
Elterliche Autonomie	-	-	+

Zeichenerklärung:
+   ausgeprägt
o   eingeschränkt
-    nicht bzw. kaum vorhanden

Abbildung 6 *Idealtypische Ausprägung menschlicher Verhaltensformen in verschiedenen Gemeinschaftsformen*

Ich schließe dieses Kapitel mit dem Wunsch an die vielen Erzieher und Erzieherinnen, die Kinder aus den Heimen zu holen, denn

Wer vielen etwas bieten will, bietet letztlich niemandem besonders viel!

Es ist wichtig, sich auf wesentliches zu konzentrieren. Für die **Kindererziehung** bedeutet dies, sich nur so viele Kinder zu holen, wie man **mit seiner gesamten Privatheit** erziehen kann. Nur dann kann ich diesen Kindern etwas bieten. Außerdem sind keine „Berufstätige" gefragt, sondern Menschen als Vorbilder - und dies „rund um die Uhr". Es ist ein Trugschluss, wenn man glaubt, mit Fachwissen ließen sich Mängel der o.a. Verhaltensarten ausgleichen. Schließlich gibt es in der Kindererziehung auch keine Patentrezepte, doch es gilt:

Die Eltern und Ersatz-Eltern sind die Haupt-Vorbilder für ihre Kinder!

5.4. Heimpädagogik – Herrschaftsinstrument für „die Hofnarren des Königs"

Eine Pädagogik, die die dargestellten organisationalen und psychologischen Phänomene unberücksichtigt lässt, ist bestenfalls schwarze Magie und Herrschaftsinstrument.

Der Begriff Heimpädagogik ist ein Widerspruch, sofern sich der Begriff Heim auf geschlossene Einrichtungen bezieht. Treffender wäre der Begriff Anstaltspädagogik.

Die Heimpädagogik ist eine Wissenschaft mit viel Sachverstand, jedoch ohne Herz! Tragendes Element kindlicher Entwicklung ist die Liebe. Dazu braucht man kein Fachwissen. Mit Fachwissen schafft man sich eine Fassade und vergisst dabei zu leicht die fundamentalen Grundbedürfnisse des Kindes nach Identifizierung, Emotionalität, Sexualität, Interessensdurchsetzung, Statusdarstellung und Territorialität. Die Heimpädagogik, die geschlossene Einrichtungen für Kinder zum Gegenstand hat, ist ein totgeborenes Kind. Sie ist KZ- bzw. Gefängnis-Pädagogik ohne Tötungsabsicht.

Inzwischen sind natürlich auch Wissenschaftler davon abgerückt, Waisenhäuser bzw. Kinderheime als Familie oder Familienersatz zu sehen, denn sie sind keine Familie. David Archard folgert in seinem Grundlagenwerk über Kinderrechte ganz eindeutig, dass Kinderheime keine Familien sind (Archard 2015 S. 181):

„*However, orphanages are not families…*"

"*Allerdings, Waisenhäuser sind keine Familien…* "

Der Autor plädiert weiter für die Kernfamilie und betont ausdrücklich dass die Familie keine historisch unveränderliche Art einer sozialen Gemeinschaft ist und zeigt Alternativen auf. Doch ein Kinderheim gehört nicht dazu, denn es bietet keine Privatsphäre und elterliche Autonomie (ebenda Kapitel „The family" S. 181 ff.).

Warum ignoriert nun die Politik in der Heimerziehung wissenschaftliche Erkenntnisse der Psychologie und Philosophie und schafft eine eigene pseudowissenschaftliche Disziplin Heimpädagogik?

Wissenschaftliche Erkenntnisse tragen ihren Nutzen für die Gesellschaft, doch oftmals ist dieser Nutzen erst langfristig, doch dann dauerhaft wirksam.

Die Politik braucht jedoch Kurzfristerfolge, denn die Wahlperiode in einer Demokratie ist schnell vorbei. Kurzfristig können Maßnahmen erfolgreich sein, wenn sie den Verstand verantwortlicher Erwachsener vernebeln, langfristig katastrophal, wie die Heimkinderziehung hinreichend genug gezeigt hat. Dennoch sind auch dann mögliche Entschädigungsleistungen für die Gesellschaft verkraftbar, schließlich ist die Kraft des Bösen im Menschen immanent und ein „Sockel" des Bösen nicht vermeidbar. Wir sind natürlich alle bestrebt, stets im Sinne des Guten, im Sinne Gottes zu agieren. Das Gute wirkt in der Liebe zum Menschsein, doch die Liebe macht blind. Es braucht Sachverstand, Expertise. Diese liefert die Wissenschaft, denn sie hat die Kraft, den Sachverstand herauszustellen und das Gefühl „kalt zu stellen", einen klaren Kopf zu zeigen.

Menschsein braucht beides, Gefühl und Verstand, in jungen Jahren vornehmlich das Gefühl, der Verstand entwickelt sich und **beides reift ein Leben lang**. Die beste Reifung zur Liebe gelingt nur in der Familie sowie einer nötigen Ersatzfamilie, wie Pflege-und Adoptivfamilie. So banal wie diese Erkenntnisse sind, die Politik arbeitet primär nur noch mit dem Verstand, das Gefühl ist zweitrangig, damit leidet das Mitgefühl und der Verstand, die Seele erkrankt. Die Kinder sind erkrankten Erwachsenen ausgesetzt und werden ebenfalls krank. Den Teufelskreis erkennt die Wissenschaft von Psychologie und Philosophie, doch die Politik ist beherrscht von Meistern der Verdrängung, schafft seine eigene Wissenschaftsdisziplin, die Heimpädagogik.

Schon der Begriff Heimpädagogik ist irreführend, denn es geht nicht um ein Heim, ein Zuhause für Kinder, sondern eine Verwahrung und ein Überleben von verwaisten Kindern. Die Heimpädagogik analysiert Verwahranstalten und gibt Verbesserungsvorschläge für Institutionen, in denen Kleinkinder seelisch dahin vegetieren. Sie manifestiert ihre Erkenntnisse als Optimum für eine Heimerziehung und vernebelt den Politikern ihren Verstand.

Der oft bemerkte Satz „Liebe allein genügt nicht" ist eine Persiflage für jedes Heimkind und verkennt die Tatsache, dass Liebe auch ein Reifungsprozess ist. Dieser Reifungsprozess ist einem Heimkind verwehrt, denn er wird durch berufsmäßig tätige Erzieher/innen ad absurdum geführt. Die Heimpädagogik versucht somit nur ein Überleben von Kindern zu sichern, das bürokratischen Anforderungen der Politik gerecht wird. Sie ist eine Wissenschaft primär im Dienste der Politik und nicht im Dienste von Familien und des von Eltern verlassenen Kindes. Dazu trägt die Tatsache bei, dass das Grundgesetz der Bundesrepublik Deutschland keine Kinderrechte kennt, sondern nur das Elternrecht mit der abgeleiteten Verpflichtung auf das Kindeswohl. Auf dieser rechtlichen Basis agiert Heimpädagogik; eine rechtliche Auseinandersetzung über gesetzliche und moralische Kinderrechte entzieht sich ihrer Betrachtung und erscheint eher philosophischer Natur. Die Heimpädagogik leistet insofern keine holistische Betrachtung zum Heimkind sondern lediglich reduktionistische Denkansätze, die letztlich nur halbe Wahrheiten sein können. Es fehlen zudem organisationstheoretische Denkansätze der Soziologie, denn Kinderheime sind organisationale Gebilde mit den für Organisationen typischen Eigenschaften. Kinderheime verursachen Kosten für die Gesellschaft und der Nutzen ist fraglich, es fehlen Kosten-/Nutzenanalysen im betriebs- und volkswirtschaftlichen Kontext. Die Heimpädagogik qualifiziert sich damit als eine Pseudo-Wissenschaft und genügt eher einer politischen Flickschusterei, einer Alibi-Funktion des herrschenden Politikbetriebs. Die verwaisten Kinder bleiben weiter dort wo sie bereits sind: auf dem Abstellgleis der Minderheiten, gebrandmarkt als Hilflose wartend auf den barmherzigen Samariter.

Für Kinder hat der Satz „Geld regiert die Welt", noch wenig Bedeutung, doch Geld ist in der Erwachsenenwelt probates Tauschmittel für alle Arten von Leistungen. Die Wahl der benutzten Konzepte der Heimpädagogik zeigt die Hilflosigkeit und Ohnmacht der Erwachsenenwelt gegenüber der Kinderwelt. Es gibt glücklicherweise Positivbeispiele wie die SOS-Kinderdörfer oder die Albert-Schweitzer-Kinderdörfer, wo deren Gründer verstanden haben, was Kleinkinder brauchen. Kinderheime sind für Kleinkinder eine kriminelle Erziehungskonstellation, denn sie leisten ihre Beiträge zum Totschlag von Kinderseelen. Die Heimerzieher und -pädagogen sind im übertragenen Sinne die „Hofnarren des Königs", sie halten die Politik bei Laune, dürfen sagen was sie wollen, doch es muss in die politische Landschaft passen und das ganze gewürzt mit einem Schuss Humor. Schon als zwölfjähriger war mir klar, dass jene der schlauen Leute, die auch Waisenhäuser bauen und daran festhalten, entweder Dummköpfe und/oder Feiglinge sind. Den Begriff Dummkopf strich ich wieder, denn er passte nicht zu dem Begriff der schlauen Leute.

„Jesus war zwölfjährig, als er im Tempel die Gelehrten beschämte. Wir alle haben mit zwölf Jahren unsere Gelehrten und Lehrer beschämt, waren klüger als sie, genialer als sie, tapferer als sie"
(Hermann Hesse 1999 S. 116).

Mir war es mit zwölf Jahren als Heimkind nicht mehr möglich, meinen Mund aufzutun, denn ich lernte: Reden ist Silber, Schweigen ist Gold. Die Betonung seitens der Erzieher lag auf letzterem, das erstere musste sich das Heimkind erbitten.

Das aus mir dennoch etwas werden konnte, verdanke ich den frühen Lebensjahren bei meiner Mutter und deren Familienclan, meinen Geschwistern. Das haben auch die meisten meiner Therapeuten verstanden, auch wenn es manchen nach wie vor schwer fällt, dies vollends zu begreifen.

Drum bleiben es Dilettanten, die meinen mit Hilflosen Geschäfte machen zu können. Die Kosten trägt nämlich die Gemeinschaft. Es ist von größerem Nutzen, zur Volksgesundheit beizutragen. Nur müssen auch die krankmachenden Faktoren erkannt werden. Hofnarren können dafür verwendet werden, doch sie stellen den Humor über das Leid der Armen. Erst wenn der König abdanken muss, sind auch die Hofnarren überflüssig am Hofe und müssen sich eine neue Beschäftigung suchen, was jedoch nicht schwerfällt. Menschen, die mit Humor ihre Mitmenschen erfreuen, sind immer beliebt, und Kinder kommen gerne zu ihnen. Doch Humor allein genügt nicht. Das Leben hat auch seine Kehrseite, das Leid und die Trauer. Die Trauer muss genauso gelebt werden wie die freudige Seite. Vor allem im Trauerfall zeigt sich die Bedeutung von Liebe und ihrem Reifungsprozess, der zwar im Todesfall personal als beendet betrachtet werden kann, jedoch im transpersonalen Bereich weiterlebt. Diese Erkenntnis, die ich bereits als Heimkind verinnerlicht hatte, half mir zum Überleben und dazu, meinen Beitrag für den Fortbestand einer Gesellschaft zu leisten, in dem ich einen liebenden Mitmenschen finden konnte. Nur wer Liebe sät, wird auch Liebe ernten können.

> *„Der Vernünftige rationalisiert die Welt und tut ihr Gewalt an. Er neigt stets zu grimmigem Ernst. Er ist Erzieher"* (Hermann Hesse).

Die nachfolgende Übersicht zeigt die für mich relevanten Kritikpunkte an der deutschen Heimpädagogik, für mich primär eine Wissenschaft auf Basis des herrschenden politischen Systems statt eine Disziplin mit eigener erkenntnistheoretischer Ausrichtung analog und in Ergänzung von Psychologie und Philosophie.

Wissenschaft mit viel Sachverstand jedoch ohne Herz,	denn eigenes Erleben fehlt den Wissenschaftlern, was auch niemandem zu wünschen ist: „Kein Mensch fühlt im andern eine Schwingung mit, ohne dass er sie selbst in sich hat" (Hesse 1999 S. 71). „Kein Mensch kann beim andern sehen und verstehen, was er nicht selbst erlebt hat" (Hesse 1999 S. 124).
Psychologische Erkenntnisse zur Bedeutung der Liebe von nachrangiger Bedeutung	zuweilen von manchen Wissenschaftlern persifliert mit der Bemerkung „Liebe allein genügt nicht!"
Heimpädagogik ohne Notwendigkeit für gesetzliche Kinderrechte	Kleinkinder brauchen zumindest eine dauerhafte Bezugsperson, auch wenn die eigenen Eltern versagen. Die Umsetzung scheitert am Elternrecht und fehlenden Kinderrechten im Grundgesetz.
Die Heimpädagogik stützt sich auf die aktuelle Grundgesetzlage des Elternrechts	und sieht darin die Begründung für die Bereithaltung von Kinderheimen zur erstmaligen Unterbringung von bereits extrem belasteten Kindern.
Kinderheime sind keine Familien	und auch kein Familienersatz. Für Kinder ist eine Familie die „natürliche" Betreuungsform, denn nur sie gibt Privatsphäre und elterliche Autonomie. Kinder in Kinderheimen sind eine Minderheit in der Gesellschaft und bereits dadurch stigmatisiert.
Kleinstkinderheime sind Beihilfe zum kindlichen Seelenmord	und die Fachwelt versteht es scheinbar nicht, will es nicht verstehen.
Es fehlen organisationstheoretische Betrachtungen	die ebenfalls ein Kinderheim ad absurdum führen.
Heimpädagogik bleibt eine Alibi-Disziplin für den Staat	zur Pseudo-Rechtfertigung von Verwahranstalten.
Heimpädagogik als Verschleierungsversuch	für die **Kapitulation der Erwachsenenwelt vor der Kinderwelt**.
Heimpädagogik bleibt dem Zeitgeist geschuldet	und „brüstet" sich mit den heute verbesserten Zuständen gegenüber dem letzten Jahrhundert.

Heimpädagogik im Abschlussbericht der Bundestagskommission RTH ohne Verantwortung	für die Kinderheim-Miseren (RTH = Runder Tisch Heimerziehung der 1950er und 1960er Jahre).
In der Heimpädagogik fehlt der holistische Ansatz,	den Menschen als Ganzheit zu sehen und daher Hilfen aus sämtlichen relevanten Wissenschaftsdisziplinen bereitzustellen. Die Basis des Mensch-seins ist die Liebe zum Leben, die einem Reifungsprozess unterliegt. Dieser Reifungsprozess wird durch eine Verwahranstalt, die keine Familie ist, behindert und beschädigt und nicht gefördert.
Heimpädagogik ist keine Pädagogik für ein Heim	sondern eine Anstalt, doch der Begriff Anstaltspädagogik ist negativ besetzt.
Kinderheime sind keine Heime für Kinder,	sondern Häuser für Waise, denn die Kinder sind für die Zeit des Aufenthaltes verwaist von ihren Eltern. Doch der Begriff Waisenhaus ist negativ besetzt und Waisenhauspädagogik würde dem Zeitgeist nicht genügen.
Heimerzieher und -pädagogen sind für Kleinkinder nicht dauerhaft und nur berufsmäßig tätig	und daher im politischen System vergleichbar mit den „Hofnarren des Königs".

Abbildung 7   Defizite deutscher Heimpädagogik

6. Adoptionen: Kinder auf Bestellung - im Maßanzug! Eine Mutter ist doch kein Kuckuck!

Die Anregung, etwas über Adoptionen zu schreiben, bekam ich durch das „vielgeliebte" Medium Fernsehen. Die Sendung „Adoption - ein Tabu? Gespräch mit Betroffenen" lief im 3. Programm von Südwest3. Ich hatte die Sendung größtenteils auf Video aufgezeichnet und sie ausgewertet, nachdem ich mich entschloss, dieses Buch zu schreiben. Es sind nun zwar über 24 Jahre vergangen, doch die psychische Thematik ist und bleibt weiterhin relevant.

In der Sendung wurde mir deutlich, dass Adoptivkinder - wenn sie über ihre Herkunft informiert werden - in den gleichen Konflikt geraten wie Pflegekinder, denen man die leiblichen Eltern „vorenthält": der Konflikt zwischen Entfremdung und Heimkehr. Außerdem wurde mir klar, dass der Begriff „Adoption" in der Bundesrepublik Deutschland verfälscht bzw. irreführend verwendet wird, wie folgende Definition zeigt:

> „Adoption bedeutet juristisch ‚Annahme als Kind` (§1749 BGB). In den letzten Jahrzehnten hat sich der Gesichtspunkt, unter dem A. betrachtet wird, verlagert. Ursprünglich sollte einem kinderlosen Annehmenden die Möglichkeit gegeben werden, seinem Namen den Fortbestand im Laufe der Generationen zu sichern, und die Möglichkeit, sein Vermögen an ihm verwandtschaftlich verbundene Personen zu vererben. Heute ist A. hauptsächlich zu einer fürsorgerischen Maßnahme für elternlose oder nichteheliche Kinder geworden. Es geht in erster Linie darum, solchen Kindern die Einweisung in ein Heim zu ersparen, da man häufige, teilweise gravierende negative Einflüsse auf die gesamte Persönlichkeitsentwicklung des Kindes festgestellt hat.
>
> Außer bei nichtehelichen und elternlosen Kindern ist A. bei Kindern aus geschiedenen Ehen möglich, wenn ein neuer Ehepartner sein

nicht-leibliches Kind als eigenes annimmt. So kann dem Kind eine neuerliche Familienatmosphäre gegeben werden. Das Wohl des Kindes soll bei Entscheidungen über die A. eines Kindes im Vordergrund stehen. Gesetzlich sind Bedingungen festgelegt, die der Annehmende erfüllen muss; ebenfalls ist festgelegt, welche Ämter und Stellen als Adoptionsvermittlungsstellen staatlich anerkannt sind."

(Arnold/Eysenck/Meili 1980 Bd 1 S. 22).

Es ist also möglich, ein Kind zu adoptieren, obwohl ein leiblicher Elternteil lebt. Meinem Verständnis nach sollte es nur dann zu einer Adoption kommen, wenn beide leiblichen Elternteile verstorben sind. Solange ein Elternteil lebt, ist eine Wegnahme des Kindes nicht dem Menschen würdig. Eine Mutter könnte sonst mit einem Kuckuck verglichen werden, der seine „Kinder" von anderen „aufziehen" lässt. Bei einem Kuckuck ist dies jedoch natürlich gegeben und dies kann ich bei einer Mutter nicht gelten lassen. Scheinbar möchten viele Menschen im menschlichen Miteinander jedoch mehr Parallelen zum Tierreich sehen, statt eine eigenständige menschliche Natur und Kultur. Was hier über die Mutter gesagt wird, gilt natürlich sinngemäß auch für den Vater.

Nun zurück zur Fernsehsendung. Außer der Moderatorin waren zugegen: vier Adoptivkinder, inzwischen alle erwachsen und beruflich „etabliert", eine Wissenschaftlerin einer Universität, eine Leiterin eines Jugendamtes, eine abgebende Mutter sowie ein Adoptivelternpaar. Ich möchte nun nicht die gesamte Sendung hier schriftlich niederlegen, sondern in Frageform jene Aspekte sinngemäß hervorheben, die exemplarisch das wesentliche beinhalten und erforderlichenfalls um eigene Gedanken ergänzen:

1. Weshalb wollen Adoptivkinder ihre leiblichen Eltern kennenlernen?

Die Kinder möchten wissen, woher sie kommen. Es ist ganz natürlich zu wissen, von wem man abstammt.

2. Was hat sich geändert, nachdem der Kontakt zu den leiblichen Eltern aufgenommen wurde?

Die Kontaktaufnahme erfolgt in der Regel zunächst über die Mutter. Der Wissensdurst, etwas über die biologischen Eltern zu erfahren, wird gestillt.

Die Kontaktaufnahme gelingt jedoch nicht immer. Betroffene können sich gekränkt fühlen. Nach der Kontaktaufnahme entsteht oder es verbleibt das Gefühl des Fremdseins.

Adoptivkinder, die in „geordneten Verhältnissen" und „nestlicher Wärme" aufwuchsen, können sich nicht mit einem Leben „chaotischen Zuschnitts" identifizieren. Vom Kind wäre hier immenses Verständnis und Toleranz gefordert, um das bisher gelebte Leben mit dem der biologischen Eltern in Einklang zu bringen. Doch darum kann es nicht gehen. Die Eltern sind kaum mehr zu ändern. Sie leben ihr Leben, die Kinder leben ihr Leben.

3. Was halten die Adoptiveltern von der Kontaktaufnahme zu den leiblichen Eltern?

Vielfach halten die Adoptiveltern nichts davon. Teilweise wurden und werden Adoptiveltern von den Adoptionsvermittlungsstellen dazu angehalten, den Kontakt zu den leiblichen Eltern zu unterlassen, teils befürchten die Adoptiveltern Zuwendungsverluste und betrachten - wie leibliche Eltern - ihr Adoptivkind als ihr „Besitztum" bzw. „Eigentum".

4. Ist die Angst der Adoptiveltern berechtigt, ihr Adoptivkind zu verlieren?

Nein. Der Verlust ist nur dann gegeben, wenn das Verhältnis zwischen Adoptiveltern und ihrem Kind/ihren Kindern schlecht war.

Da geht es jedoch diesen Adoptiveltern auch nicht anders als leiblichen Eltern.

5. Sollten die Adoptiveltern ihren Adoptivkindern sagen, dass sie adoptiert wurden?

Ja, und zwar dann, wenn die Adoptivkinder danach fragen. Aber auch wenn sie nicht direkt danach fragen, sind sie korrekt aufzuklären (s. auch Kap. 7). Es muss jedoch nicht die ganze Aufklärung folgen. Das Kind fragt von selbst danach oder auch nicht, je nach „familiärer Atmosphäre".

6. Sollten die Adoptivkinder Dritten sagen, dass sie adoptiert sind?

Von selbst nicht, nur dann, wenn Dritte danach fragen, denn es ist dann recht wahrscheinlich, dass ein Gerücht im Umlauf ist.

7. Was erwarten Adoptiveltern von der Adoption?

Sie erwarten, dass ihre Beziehung zu dem Adoptivkind als normal betrachtet wird. Sie möchten, dass das angenommene Kind wie ihr eigenes erscheint. Diese Erwartungshaltung ist unwirklich, denn ein fremdes Kind kann kein eigenes sein, es kann bestenfalls „wie ein eigenes behandelt werden".

8. Haben Adoptivkinder das Gefühl der „2. Wahl", das heißt nicht vollwertig in der Familie integriert zu sein?

In der Regel nicht. Sicherlich gibt es Ausnahmen. Es gibt jedoch eine typische Konfliktsituation: Wenn das Adoptivkind nicht so reagiert, wie es den „guten Sitten" entspricht, wird dieses „Fehl"-Verhalten den leiblichen Eltern zugeschrieben. Adoptiveltern rechtfertigen Fehlverhalten des Adoptivkindes gerne damit, dass es das nicht von ihnen haben kann. Andererseits machen es sich Adoptivkinder etwas zu leicht, wenn sie von ihren Adoptiveltern nicht das bekommen, was sie wollen und argumentieren, sie seien ja „nur" Adoptivkinder. Denn auch leibliche Kinder können nicht jeden Wunsch erfüllt bekommen.

9. Welche Wirkungen hat für das Adoptivkind die Erkenntnis, adoptiert worden zu sein?

Die Erkenntnis, weggegeben worden zu sein, ist etwas, das jemanden wohl das ganze Leben begleitet. Doch muss dies nicht zum Verlust des „Urvertrauens" führen, da nicht jede Mutter ihr Kind freiwillig weggibt. Probleme, die jeder im Leben hat, werden aufgrund des Erlebnisses des frühen Bruches anders erlebt. Es entsteht vielfach das Gefühl, an eine Grenze zu stoßen, über die nicht gegangen werden kann.

Grenzen zu erfahren, ist jedoch nicht nur etwas, das Adoptivkinder verspüren, sondern auch leibliche Kinder. Die Erfahrung ist formal die gleiche, doch die Intensität des Erlebens ist unterschiedlich.

Adoptivkinder können Enttäuschungen durch Konfliktsituationen wohl nicht so leicht wegstecken wie leibliche Kinder. Die frühe Weggabe hinterlässt eine „tiefe Wunde", die sich bei Konflikten leicht „entzünden" kann.

Freilich ist es auch zunächst recht leichtfertig, stets nur seine Herkunft für „alles in der Welt" verantwortlich zu machen. Das Leben ist ein „Kampf", der mit unterschiedlichen „Waffen" geführt wird. Dies muss Adoptivkindern wohl stärker bewusst gemacht werden wie leiblichen Kindern. Hier sind die Adoptiveltern gefordert, von sich aus initiativ zu werden, um dem Adoptivkind jederzeit das Gefühl zu vermitteln, über alles reden zu können. Dazu gehört auch, dass die Adoptiveltern kundtun, was für sie verletzlich ist. Das Leben ist ein Geben und Nehmen und alles hat seine zwei Seiten, eine gute und eine weniger gute. Die weniger gute Seite des Lebens war die, weggegeben worden zu sein. Nun, das war passiert und lässt sich nicht rückgängig machen. Jetzt erkennt das Adoptivkind seine heutige Situation und nur die ist es, die es voranbringt. Und hoffentlich hat es dann auch etwas gelernt aus der Tatsache, weggegeben worden zu sein und wenn es nur die Tatsache ist, so etwas selbst nicht zu machen. Wenn dann eigene oder fremde Kinder angenommen werden, profitieren diese möglicherweise von den eigenen Erlebnissen. Doch dies „steht in den Sternen".

Wir können stets nur versuchen, unser Bestes zu geben, was wir haben und das ist die Liebe. Die Liebe verzeiht, denn der Mensch ist nicht perfekt. Es gibt immer Menschen, die einem helfen. Voraussetzung dazu ist, dass man sich auch helfen lässt.

Die Probleme von Adoptivkindern mögen zwar andere sein als die von leiblichen Kindern, doch es sind in Summe wohl kaum mehr oder weniger Probleme. Wie ich bereits am Anfang des Buches zitierte, sind die einzigen Menschen, die keine Probleme haben, jene, die auf den Friedhöfen liegen.

10. Was fühlt die abgebende Mutter?

Mütter geben ihr Kind - von wenigen Ausnahmen abgesehen - nicht freiwillig ab. Sie fühlen sich von ihrem familiären Umfeld gezwungen, das Kind wegzugeben. Alleingelassen vom Lebenspartner, von den eigenen Eltern, von Behörden, von sozialen Hilfseinrichtungen oder fehlt der Frau und Mutter nur das nötige Selbstbewusstsein?

Viele Frauen haben nicht die Kraft, gegen diesen „starken Strom zu schwimmen". Bleibt da nur noch die vage Hoffnung, dass es das Kind woanders besser haben wird, in „materieller Wohlordnung", wie es gerne auch die Filmindustrie in bekannten Filmen stark überzeichnet veranschaulicht beispielsweise bei Tarzan, dem Dschungelbuch und „The Superman".

Und die mütterliche Liebe? Ist sie ohne Bedeutung? Ist die Weggabe des Kindes als Akt der Liebe zu begreifen, die Weggabe in dem Bewusstsein, dass es das Kind einmal besser haben wird?

Bekommt das Kind die Fähigkeit, seine Zukunft zu gestalten, nur noch von den Adoptiveltern? Können nur andere Mitmenschen den „Rahmen" vorgeben, den man sich als leibliche Mutter wünscht?

Die Gefühlswelt der abgebenden Mutter gerät in ein „schwarzes Loch". Es geht ihr nach erfolgter Abgabe schlechter als vorher. Obwohl inzwischen auch in den Behörden dieses Phänomen bekannt ist, fällt ihnen nichts anderes ein, als sich auf diesen „kindlichen Verrat" einzulassen. Das Kind ist verraten und verkauft - ein seelisches Verbrechen - von Amts wegen. Was soll da noch das Angebot von Gesprächen seitens der Behörden an die abgebende Mutter? Das Kind wird gegen seine Mutter „ausgespielt". Es wird kaum versucht, die Väter ausfindig zu machen. Wie sollte da eine abgebende Mutter Vertrauen finden, wenn sie nur ihr Kind „ausgeschwatzt" bekommt?

Inzwischen gibt es Ansätze, die Familienbande zu halten in Form der offenen Adoption, das heißt die leibliche Mutter bleibt im Kontakt mit ihrem Kind. Ist da die Gefühlswelt wieder in Ordnung? Wohl auch nicht, aber nicht so in tiefer „Unordnung" als wenn das Kind ganz weg wäre.

Lasst die Kinder bei ihren Müttern. Gebt den Müttern das nötige Kleingeld, das sie für sich und ihre Kinder brauchen, ggf. in Form von Naturalien. Bildet Familiengruppen, damit auch einmal eine Mutter ausspannen kann, indem die Kinder von anderen Müttern betreut werden. Die Kinder können nichts für ihr Schicksal. Glücklicherweise sind die Väter, die sich vor der Verantwortung drücken in der Minderzahl, denn wo wären wir sonst?

7. Zu frühe Trennung der Eltern – Gefühlschaos beim Scheidungskind

Trennungen erlebt ein Kind auf vielfältige Weise. Schon das zu lange Alleinsein, wenn Eltern keine Zeit für ihr kleines Kind haben, kann dem Kind seelisch schaden. In den vorangegangenen Kapiteln beschäftigte ich mich mit meiner eigenen Trennung von meinem Elternhaus, die mir von Erzieherinnen als endgültig bezeichnet wurde. Ich musste mich sehr früh damit abfinden und den Schicksalsschlag verarbeiten. Dann erlebte ich quasi eine Wiedergeburt, dann eine erneute Trennung, das ständige Wechselspiel zwischen Kontaktaufnahme, dem Wunsch nach Bleiben und der Trennung. In mir machte sich **Sehnsucht** breit, ich **sehnte** mich nach der **Sucht**, ein bleibendes Zuhause zu haben im geliebten Familienclan. Es folgte eine Pflegefamilie, die mich herzlich aufnahm. Doch es dauerte nur ein halbes Jahr und es erfolgte eine erneute Trennung. Nun eine neue Pflegefamilie, die mir Beständigkeit anbot. Ich griff zu und konnte zur Ruhe finden. Diese Ruhe erfahren Adoptivkinder in der Regel sehr früh und merken beim Heranwachsen, dass diese Ruhe trügerisch ist. Auch hier sind die Kinder plötzlich gefordert, ihr Seelenheil zu finden. Es braucht verständnisvolle Mitmenschen und zumeist verständige Fachleute.

Nun trat in den letzten Jahren eine weitere Thematik in den Blickpunkt, die der Scheidungskinder. Je nach Entwicklungsstadium erleben diese Kinder die gleichen Gefühlswelten wie die von Heim-, Pflege- und Adoptivkindern und sehnen sich nach der Familie, die nun nicht mehr so existieren wird, wie es ihrem Wunsch entspricht. Aus dem Wunsch nach Erhaltung der Vergangenheit beide Elternteile vereint zu sehen, folgt die Idealisierung und irgendwann Akzeptanz der neuen Situation. Dies erinnert mich daran, dass auch hier ein gravierender Verlust erlebt wird, der Verlust der als Einheit erlebten Eltern. Dazu kommt die Angst, die Liebe des Elternteils oder beider zu verlieren, gar die Angst, das Kind wäre schuld an der Trennung seiner Eltern. Und hier bleibt tatsächlich festzustellen, dass sich ja die Eltern trennen und sich das Kind gar nicht trennen muss. Es behält in den meisten Fällen seine Eltern, doch ganz reibungslos klappt dies nicht. Ein Elternteil oder gar beide melden Besitzansprüche an und möchten das Kind für sich. Erst dann wird dem Kind eine persönliche Trennung aufgebürdet und die weitere Entwicklung ist damit doppelt belastend. Nicht nur die Trennung der Eltern ist das Problem, sondern auch die von einem Elternteil gewünschte Trennung von dem anderen Elternteil. Das Hin und Her zwischen den Eltern, dem Familienclan, stürzt ein kleines und heranwachsendes Kind in ein Gefühlschaos, das einen Trauerprozess bewirkt, denn die Aussicht auf Versetzung in den alten Zustand, die Sehnsucht nach dem gemeinsamen Haus, in dem beide Eltern weiter agieren, wird sich nicht mehr erfüllen. Das Kind ist oft wütend und Konzentrationsprobleme behindern die schulische Leistungsfähigkeit. Manch ein Kind kommt scheinbar sehr gut damit klar, doch der Schein trügt. Welche Phänomene erlebt ein Kind und wie wird es damit zurechtkommen können? Geleitet von meiner Qualifizierung zum Trauerbegleiter unter Berücksichtigung des gravierenden Verlusterlebens seitens des Kindes knüpfe ich daher an das Vierphasen-Modell von Verena Kast an und ordne das Geschehen ein (Kast, Verena: Trauern 1985). Nach den vier Phasen bleibt zu bemerken, dass Irritationen bleiben können und ein gewisses Suchtpotential beinhalten. Ich differenziere daher noch eine fünfte Phase, die auch offen bleiben kann bis zum Lebensende und darauf hinweist, dass darin für den Betroffenen ein Arbeitspotential steckt zur Erreichung des seelischen Gleichgewichts, des inneren Friedens. Ich differenziere die folgenden fünf Phasen des Verlusterlebensprozesses elterlicher Zweisamkeit:

Phase 1: Nicht wahrhaben wollen, Irritationen
Phase 2: Aufbrechende Emotionen – Gefühlschaos
Phase 3: Suchen und Sich-Trennen, Neuorientierung
Phase 4: Neue Identität
Phase 5: Bleibende Irritationen – Süchte? Zum Beispiel die Sucht nach Aufmerksamkeit

Abbildung 8   Verlusterleben elterlicher Zweisamkeit

7.1. Nicht wahrhaben wollen, Irritation

Kinder leben im Hier und Jetzt, in der Gegenwart. Sie können sich auf die Eltern verlassen und vertrauen ihnen weitestgehend blind. Mit dem Heranwachsen schwindet die „Blindheit", die eigene Persönlichkeit wird entdeckt. Doch dann ein „Stilbruch", das vertraute Elternpaar geht getrennte Wege und das Kind muss sich entscheiden, denn beide zur gleichen Zeit kann es nicht mehr haben, nicht mehr wahrnehmen. Oder ist vielleicht doch noch etwas umkehrbar? Fragen über Fragen stellen sich ein und das Kind kann es nicht mehr ändern. Es ist zutiefst verwirrt, gar geschockt und hängt im Schlamassel. Das Kind fragt im Familienclan nach, die Oma, den Opa, Tanten und Onkeln. Teilweise sagen sie es von sich aus und drücken ihr Bedauern aus für die Trennung der Eltern. Das Kind lauscht im Nebenzimmer und hört merkwürdige Sätze wie „Was wird nun mit dem Kind, das arme Kind? Jeder will es für sich haben!" Dem Kind wird abrupt eine Neuorientierung aufgebürdet, es ist irritiert, denn es kann nicht wissen, wie es weitergehen wird. Die Gedanken kreisen. Wer kann Orientierung geben?

Während ein Todesfall endgültig ist, bleibt eine Trennung nicht zwingend endgültig. Das Kind hat sein eigenes Erleben und zieht seine eigenen Rückschlüsse. Es sucht sich seine eigenen Erklärungen.

Die Phase des Nicht-wahrhaben-Wollens kann einige Stunden bis zu einer Woche andauern (ebenda S. 61 in Anlehnung an Bowlby). Für mich ist jedoch die Zeitdauer auch aus meiner Rückschau betrachtet nicht entscheidend, denn es ist ein individueller Vorgang. Bei den vierzehntägigen Besuchen meiner Mutter, die mein Bruder und ich während des Kinderheimaufenthaltes absolvierten, keimte nach Besuchsende immer wieder die Hoffnung auf, irgendwann bei der Mutter bleiben zu können. Der ständige Wechsel zwischen den Besuchen bedeutete immer ein Abschiednehmen. Es wurde irgendwann zur Routine, Kommen und Gehen, Empfang und Abschied. Die Irritation, das Nicht-wahrhaben-Wollen begleitete uns bis ins Erwachsenenalter, bis zur Volljährigkeit. Denn dann war klar, nun muss ich allein entscheiden. Doch offensichtlich laufen weiterhin viele Heranwachsende einem Phantom hinterher, dem Ideal nach Dreisamkeit.

7.2. Aufbrechende Emotionen – Gefühlschaos

Nach dem Schock über die Trennung der Eltern und dem gespürten Erleben folgen Ärger, Ängste und gravierendere Gefühlsausbrüche. Die Gefühle können nach innen und außen gerichtet sein. Bleiben sie nach innen gerichtet, zerfressen sie die eigene Seele, Körper und Geist. Gehen sie nach außen, trifft es den eigenen Familienclan wie auch Außenstehende. Es bleibt letztlich ein individueller Vorgang, wie mit gravierenden Trennungserlebnissen umgegangen wird. Es kann auch nach Abschluss dieser Phase ein besonderer Ansporn sein, die Zukunft zu meistern. Ein prominentes Beispiel dazu ist der im Jahre 2016 im Alter von 54 Jahren verstorbene ehemalige Außenminister und Vizekanzler Guido Westerwelle. In der Rheinpfalz Nr. 67 vom 19. März 2016 war zu lesen,

> *„In den wenigen Zeugnissen, in denen Westerwelle über seine Jugend spricht, spielt auch die gescheiterte Ehe seiner Eltern eine große Rolle. Beide selbstständige Rechtsanwälte, stritten sie sich um das Sorgerecht, als Westerwelle neun Jahre alt war. Schließlich zog der Vater die vier Söhne auf, aber Westerwelle trug schwer an der Zerrissenheit der Familie, er war schlecht in der Schule, besann sich aber und machte am Ende doch sein Abitur. Später studierte er Jura und wurde Anwalt."*

Der Ausschnitt weist nicht nur auf das Gefühlschaos hin (trug schwer an der Zerrissenheit der Familie, war schlecht in der Schule), sondern macht deutlich wie tiefgreifend Identifizierung wirkt. Er wählte das gleiche Studienfach wie seine Eltern und wurde ebenfalls Anwalt. Der Beitrag weist auch schon auf die nächste Phase des Erlebensprozesses gravierender Verluste hin: Er „besann sich aber …."

7.3. Die Phase des Suchens und Sich-Trennens, Neuorientierung

Zur Besinnung kommen, drückt der Satz aus „Er besann sich aber...". Der Verstand hat die Oberhand gewonnen, die Gefühle sind im Griff. Ganz so einfach ist es natürlich nicht, denn Verstand und Gefühl wirken im Verbund. Um die Gefühle im Griff zu halten, bedarf es einer gehörigen Portion Disziplin. Und dies beherrschte Westerwelle. Im o.a. Zeitungsbeitrag ist ausgeführt:

> *„Disziplin ist seitdem die Tugend, die Westerwelle beherrschte. Aber in ihm steckte auch der Drang, sich selbst zu verwirklichen".*

In diesen Sätzen finde ich mich ebenfalls wieder. Doch woher hatte ich die Disziplin, erfolgreich zu studieren und eine für mich erfolgreiche Berufslaufbahn leisten zu können?

Es bedarf dazu nur eines Wortes: *Liebe*.

Die Liebe ist das zentrale Momentum, der zentrale Impuls mit nachhaltiger Wirkung. Die erfahrene Liebe durch die Eltern prägt entscheidend und erfährt seine Prägung in frühester Kindheit. Liebe ist Eigen- und Nächstenliebe. Ich brauche nicht nur die Eigenliebe sondern auch das Mitgefühl in ständiger Erwiderung, denn ich bin nicht zum Alleinsein geboren. Der Volksmund weiß: Die Liebe macht blind! Doch dies ändert nichts an der primären Tatsache, dass ohne Liebe nichts funktioniert.

Doch selbst die psychologische Fachwelt ist sich offensichtlich nicht einig und dichtet neue Begriffswelten, allen voran der Begriff Resilienz, eine Fähigkeit, Krisen bewältigen zu können. Mit dem Begriff Resilienz versucht die wissenschaftliche Forschung offenbar, einen neutralen Begriff, einen wertfreien Begriff zu finden. Denn der Begriff Liebe ist nicht als wertfrei wahrnehmbar und drückt Wertschätzung, Gefühl, aber auch den Verweis auf Blindheit und Krankheit aus. Die Liebe bleibt das Maß aller Dinge, auch wenn menschliche Übertreibungen nicht ausschließbar sind.

> *„Kinder sind lange Zeit verletzlich; sie lernen die Liebe zu sich selbst von Erwachsenen, die sie lieben oder nicht lieben. Sie lieben sich und andere, so wie sie selbst geliebt oder nicht geliebt worden sind"*
>
> (Matthew Fox 1991 S. 271).

Trotz der Trennung seiner Eltern vermochte Westerwelle eine hervorragende Karriere zu erleben. Die Liebe zu seinen Eltern blieb intakt und sein Vater leistete seinen Kindern ein bleibendes Familienhaus. Daraus konnte weiter Liebe „inhaliert" und Kraft „getankt" werden. Es befähigte ihn insbesondere auch zur Suche nach sich selbst, zum Sich-Trennen, zur Neuorientierung. Es schließt sich die „Phase des neuen Selbst- und Weltbezugs" an (Kast 1985 S. 71 ff), die ich als neue Identität bezeichne.

7.4. Neue Identität

Die Trennung der Eltern ist akzeptiert, ich mache das Beste draus. Ich muss meinen eigenen Weg finden, wie ihn auch die Eltern für sich gefunden haben. Die Erfahrungen prägen mich. Ich bin nun ein anderer als der, der ich wäre, wenn die Eltern zusammen geblieben wären. Doch wer bin ich wirklich?

Die Frage „Wer bin ich?" lässt sich nicht so einfach beantworten und birgt immer wieder Überraschungen:

> *„Bis 2004 machte Westerwelle seine Homosexualität nicht zu einem öffentlichen Thema. In der Öffentlichkeit dominierte bis dahin das Bild vom kühlen Techniker der Macht, der alles andere war, aber nicht er selbst."*
>
> (Rheinpfalz Nr. 67, 2016)

Politiker wissen sich zu inszenieren und sind oft die besten Schauspieler, wissen was dem Zeitgeist geschuldet ist. Wenn scheinbar die Zeit reif zu sein scheint oder der eigene persönliche Druck zum Nächsten nicht mehr haltbar ist, wird geöffnet. Westerwelle erschien mit seinem Lebenspartner zum 50. Geburtstag der Bundeskanzlerin (ebenda).

Der Frage „Wer bin ich?" habe ich ein separates Buch gewidmet und die Frage ergänzt zu „Wer bin ich und wer bist du?" (Boesen 2016). Es ist kraft meiner Lebens- und Berufserfahrungen letztlich eine philosophische Frage und lässt insofern viel Raum zur Selbstfindung und ist natürlich auch Chance zur Phase des neuen Selbst- und Weltbezugs.

7.5. Bleibende Irritationen – Süchte?

Sie bleiben nicht erspart, der Mensch kann willentlich nichts vergessen, sein Gehirn ist ein Dauerläufer und ruft Erinnerungen wach, wenn sie getriggert werden. Der Mensch ist zwar ein Meister der Verdrängung, doch im Langzeitgedächtnis bleiben die Prägungen der Kindheit wirksam. Lange Zeit kann ein Mensch daher mehrgleisig agieren, kehrt im Alter wieder zu seinen Ursprungsgleisen zurück. Es ist daher eine immer wiederkehrende Herausforderung, mit seinen Schicksalsschlägen umgehen zu können. Die Widerstandskraft, die Resilienz, auch künftige Krisen zu meistern, speist sich aus der Liebe zu mir selbst und zum Nächsten. Es kommt einem Kreislauf gleich, der Erinnerung, der Grüblerei, dem Widerstand, dem Aufbau (Rheinpfalz Nr. 67):

„Immer wieder verfiel Westerwelle in Phasen grüblerischer Zerknirschtheit. „Stets gelang es Westerwelle sich wieder aufzubauen,...

Dazu fehlte auch nicht die Rebellion und die Sucht nach Aufmerksamkeit (ebenda):

> „*Was konnte er lärmen: 'Alle, die arbeiten, sind doch die Deppen der Nation!' rief er 2008 beim Münchener Parteitag...*"
>
> „*So ließ er nichts unversucht, um an Popularität zu gewinnen, er stieg sogar in den ‚Big Brother'-Container und erkor 2002*

auf seinen Schuhsohlen die 18 Prozent als FDP-Wahlziel. Das Projekt wurde zum Sinnbild für politische Maßlosigkeit".

"...kritisierte vehement den seiner Meinung nach ausufernden Sozialstaat, der zu `spätrömischer Dekadenz` einlade".

Bleibende Irritationen gehören im Nachgang zu gravierenden Verlusterlebnissen einfach dazu. Diese wegzureden, gar wegzutherapieren, entbehrt dem Menschsein. Es bedarf der Mitmenschen, die diese Irritationen verstehen und auszuhalten wissen. Hierzu eignen sich auch Selbsthilfegruppen mit fachlicher Unterstützung und Experten in eigener Sache. Der Mensch braucht zwingend seinen Mitmenschen, mit dem er sich austauschen kann. Hildegard von Bingen drückt dies in ihrem Gedicht „Alles ist mit allem verbunden" wie folgt aus (von Bingen, Hildegard):

„Solange der Mensch sich nicht selbst in den Augen und im Herzen seiner Mitmenschen begegnet, ist er auf der Flucht.

Solange er nicht zulässt, dass seine Mitmenschen an seinem Innersten teilhaben, gibt es keine Geborgenheit.

Solange er sich fürchtet durchschaut zu werden, kann er weder sich noch andere erkennen, er wird allein sein."

Hilfen zur Betreuung und Begleitung von Trennungs- und Scheidungskindern bieten u. a. die **Ortsverbände des Deutschen Kinderschutzbundes** an.

Das Beispiel Guido Westerwelle zeigt, welches Potential Kinder haben und das trotz bleibender Irritationen ein toller Mensch für die Gemeinschaft wirken kann. Ich danke Guido Westerwelle, auch wenn ich ihn nicht persönlich kennenlernen konnte und ihm nun diesen Dank nur transpersonal vermitteln kann. Er lässt mich mein Schicksal erträglicher erscheinen und sicherlich auch das vieler Trennungs- und Scheidungskinder.

8. Welche Rechte hat ein Kind?

8.1. Meine Analyse aus 1992 und Update

Ein Kind hat natürlich Rechte, werden die meisten Leser/innen denken. Es gibt doch die Menschenrechte, die in unserem Grundgesetz festgehalten sind. Doch da wird vielfach nicht genau ausgeführt, dass es auch um Kindesrechte geht, dies wird immer unterstellt oder?

Beispiele:

Artikel 1 Grundgesetz (GG):
Die Würde des Menschen ist unantastbar.

Auch Kinder sind Menschen. Doch wo ist genauer spezifiziert, was die Würde des Menschen und gar eines Kindes ist? Oft drängt sich in Gesetzestexten beim Begriff Mensch der Gedanke auf, es könnten nur erwachsene Menschen gemeint sein. In Artikel 3 des Grundgesetzes ist dieser Verdacht kaum mehr auszuschließen.

Artikel 3 GG:
(1) Alle Menschen sind vor dem Gesetz gleich.
(2) Männer und Frauen sind gleichberechtigt.

Hier haben wir die Gewissheit. Mit Menschen gem. Satz 1 sind folgend Satz 2 nur Männer und Frauen gemeint, oder? Doch suchen wir weiter nach dem Begriff Kinder.

Artikel 6 GG:
(2) Pflege und Erziehung der Kinder sind das natürliche Recht der Eltern und die zuvörderst ihnen obliegende Pflicht. Über ihre Betätigung wacht die staatliche Gemeinschaft.

(3) Gegen den Willen der Erziehungsberechtigten dürfen Kinder nur auf Grund eines Gesetzes von der Familie getrennt werden, wenn die

Erziehungsberechtigten versagen oder wenn die Kinder aus anderen Gründen zu verwahrlosen drohen.

Gem. Satz 2 dieses Artikels könnte gefolgert werden, dass Elternrecht über Kindesrecht steht, wobei Satz 2 dies dahingehend einschränkt, dass das Elternrecht verwirkt werden kann. Doch leider haben es unsere Väter des Grundgesetzes versäumt bzw. es als nicht notwendig erachtet, Kinderrechte festzulegen.

Sicherlich sind wir heute auch schlauer geworden und zumindest hat eine „überstaatliche" Gemeinschaftsform in den 1950iger Jahren erkannt, dass wohl in den meisten nationalen Gesetzeswerken keine Kindesrechte definiert sind. Die UN-Vollversammlung (UN = Vereinte Nationen) hat **im Jahre 1959** Grundsätze, auf die jedes Kind Anspruch hat, festgelegt. Einen Großteil dieser fundamentalen Grundrechte gelten für Kinder in geschlossenen Einrichtungen nicht, ja sogar gilt ein Recht auch heute noch nicht bundesweit: das Recht auf kostenlose Ausbildung. Die Eltern zahlen für den Kindergarten, sie zahlen für die Schule, sie zahlen Eintritt in Museen, in Zoos usw. Man könnte den Eindruck gewinnen, dass Eltern sich Kinder leisten müssen und wer sich etwas leistet, der kann auch bezahlen. Wir sind ja auch eine Leistungsgesellschaft. Und die Leistung ist das Maß aller Dinge?

Offenbar hat der internationale Druck, den die UN-Kinderrechtskonvention bewirkt hat, die Bundesrepublik Deutschland dazu veranlasst, das nachrangige Gesetzeswerk, das Bürgerliche Gesetzbuch (BGB), anzupassen (Müller-Münch 2016 S. 269). Im Jahre 2000 beschloss der deutsche Bundestag mit großer Mehrheit, dass jedes Kind ein Recht auf gewaltfreie Erziehung hat. Im BGB § 1631 ist nun folgendes ausgeführt:

> *„(2) Kinder haben ein Recht auf gewaltfreie Erziehung. Körperliche Bestrafungen, seelische Verletzungen und andere entwürdigende Maßnahmen sind unzulässig."*

Was nutzt es ein Recht zu haben, dass nach dem Grundgesetz von einem Kind nicht einklagbar ist da hier nur das Kindeswohl greift und die Güteabwägung zum Verbleib bei den Eltern einem Familiengericht überlassen wird. Soweit darf das BGB auch nicht verstanden werden.

„Eine Strafverfolgung durch die Staatsanwaltschaft erfolgt jedoch nur in gravierenden Fällen und auf sie wird insbesondere dann verzichtet, wenn zur Unterstützung der Familie sozialpädagogische, familientherapeutische oder andere unterstützende Maßnahmen vorgenommen werden"

(ebenda S. 272).

Was gilt für Heimkinder, die in aller Regel nicht freiwillig ins Kinderheim gehen? Wo ist das Recht eines Kindes auf eine Familie und als Kleinkind das Recht auf zumindest eine dauerhafte Bezugsperson.

Welche Rechte hat ein Kind sonst noch?

Es gibt tatsächlich ein Recht für ein Kind in der Bundesrepublik Deutschland und zwar das Erbrecht, das sogar schon für das ungeborene Kind greift. Im Grundgesetz fehlen Kinderrechte und im nachrangigen Bürgerlichen Gesetzbuch ist abgeleitet aus Artikel 6 GG das sogenannte Kindeswohl. Während ein Kinderrecht selbständig vom Kind einklagbar wäre und umgehenden Schutz erfordern würde, verfehlt dies seine Wirkung beim Begriff des Kindeswohls.

Fallbeispiel:

Beispielsweise wendet sich ein Kind an die Jugendbehörde und teilt mit, dass es im Kinderheim sexuell missbraucht wurde. Hätte das Kind ein Recht auf Schutz seiner kindlichen Autonomie und das Recht auf sexuelle Selbstbestimmung, dann müsste dem Kind direkter staatlicher Schutz zuteilwerden und auf seinen Wunsch hin aus diesem Kinderheim entfernt werden. Doch was passiert?

Die Jugendbehörde zweifelt erst einmal die Aussagen an und hält Rücksprache mit der Heimleitung. Die Antwort ist natürlich nicht schwer zu erraten, denn solch ein Vorwurf ist wohl nicht haltbar und der Heimleiter dürfte bestens vorbereitet sein. Es kommen nun fast automatisch Schuldzuweisungen zum Kind etwa dergestalt, dass das Kind schon verhaltensgestört ins Kinderheim gekommen ist und offensichtlich die Phantasie durchgeht.

Aber es lief noch einfacher ab, das heißt der Heimleiter oder fremde Erwachsene brauchten gar nicht befragt zu werden, denn sie hatten schon von Anfang an eine reine Weste, wie die folgenden Sätze des Abschlussberichts RTH belegen:

> *„Nachdem beispielsweise ein Mädchen einen in ihrem Dorf angesehenen Mann eines sexuellen Übergriffs bezichtigte, wurde nicht er, sondern sie für diese Tat bestraft, indem sie selbst als „sittlich verwahrlost" hingestellt und in ein geschlossenes Fürsorgeheim eingewiesen wurde."*
>
> (Abschlußbericht RTH 2010 Seite 9).
>
> *„Berichtet werden sexuelle Übergriffe und sexuelle Gewalt unterschiedlichster Formen und unterschiedlicher Dauer bis hin zu schwerer und sich jahrelang wiederholender Vergewaltigung. Als Täter (überwiegend Männer) werden vor allem Erzieher, Heimleiter und Geistliche, aber auch heimexterne Personen wie Ärzte, Landwirte oder Personen in Privathaushalten, an die die Jugendlichen als Arbeitskräfte ‚ausgeliehen' wurden, benannt."*
>
> (ebenda S. 18).

Auch durch den Abschlussbericht des RTH ist offensichtlich keine weitere Bewegung zur Aufnahme von Kinderrechten ins Grundgesetz gekommen. Doch unsere Juristen behelfen sich mit einigen Ableitungen:

> *„Zweifellos besteht hier eine Verletzung der sexuellen Selbstbestimmung, die sich aus Art. 2 Abs. 1 in Verbindung mit Art.1 Abs. 1 GG ergibt."*
>
> (ebenda S. 19).

Was nutzen dem Kind solche Ableitungen, wenn sie nicht einforderbar sind, geschweige denn vom Kind textlich nachzulesen und zu verstehen? Was heißt zum Beispiel in Artikel 2 ein Recht zu haben auf körperliche Unversehrtheit? Musste ich mich etwa als Heimkind nicht ausziehen, um einem medizinischen Fachvortrag zu genügen? Musste es sich ein Heimkind gefallen lassen, dass ihm auch noch die Unterhose vor öffentlichem Fachpublikum runtergezogen wurde?

Wenn ich nun dreißig Jahre später verstehe, dass dies nicht hätte sein dürfen, wen soll ich verklagen? Und um dann zu erfahren, dass diese Taten längst verjährt sind.

Die Formulierungen im Grundgesetz sind für die kindliche Denkwelt nicht greifbar und daher für ein Kind nicht umsetzbar einforderungsfähig.

Der Abschlussbericht des RTH enthält keinen Hinweis auf §1631 (2) BGB, der seit dem Jahre 2000 ins BGB aufgenommen wurde. Es war offensichtlich auch nicht nötig, denn es konnte ja bereits alles aus dem Grundgesetz abgeleitet werden. Das verstehen wohl die meisten Erwachsenen nicht, so dass die Aufnahme ins BGB einen Sinn ergibt. Während das Grundgesetz zur Pflichtlektüre in den „normalen" Schulunterricht reingehört, trifft dies für das BGB noch nicht zu, denn es ist ja bereits Bestandteil einer rechtlichen Qualifizierung, die erst in höheren weiterführenden Schulen angeboten wird.

Es ist wohl aus Sicht unserer Politiker halt nur ein Minderheitenproblem, mit dem unser Staat auf seine Weise zurechtkommt.

„Etwa 700.000 bis 800.000 Kinder und Jugendliche lebten in der Zeit von 1949 bis 1975 in Heimen in der Bundesrepublik Deutschland." (ebenda S. 4).

Die Zahl mag absolut gesehen hoch erscheinen, doch im Vergleich zur Gesamtpopulation bleibt sie gering. Laut statistischem Jahrbuch kamen in den 1950er bis 1960er Jahren jeweils pro Jahr fast 800.000 Kinder zur Welt, Anfang der 1960er Jahren sogar pro Jahr eine Million Neugeborene. Die Gesamtanzahl der Kinder bis zum 14. Lebensjahr lag im zweistelligen Millionenbereich. Der relative Anteil der Kinder und Jugendlichen in Heimen im Vergleich zur Gesamtpopulation liegt bei ca. 5-6%, mithin ein Minderheitenproblem.

Nichts desto trotz gestatte ich mir einige Vorschläge für die Formulierung von Kinderrechten:

(1) Jedes Kind hat ein Recht auf eine Familie und auf eine dauerhafte Bezugsperson. Geschlossene Einrichtungen für Kinder sind verboten.

(2) Kinder, deren Eltern verstorben sind, sind in der Verwandtschaft unterzubringen, sofern dies den Verwandten zugemutet werden kann. Die Unzumutbarkeit sollte zumindest mündlich der Behörde begründet werden.

Die oberste Verpflichtung zur Aufnahme des Kindes obliegt dem Trauzeugen. Die Trauzeugen müssen diesbezüglich vom Standesamt aufgeklärt werden.

(3) Jedes Kind hat ein Recht darauf, nicht als familienunfähig deklassiert zu werden.

(4) Jedes Kind hat ein Recht auf Kenntnis der eigenen Abstammung. Ein Kind kann nur dann adoptiert werden, wenn beide leiblichen Elternteile verstorben sind.

(5) Jedes Kind hat bei dauerhafter Fremdunterbringung das Recht, den fremden Familiennamen zu führen. Außerdem steht diesem Kind der gleiche Familienstatus wie den übrigen Kindern zu.

(6) Jedes Kind ist über seine Grundrechte altersgemäß in der Schule aufzuklären. Die Eltern sind hierüber zu informieren.

(7) Die Vereinten Nationen formulierten im Jahre 1959 folgende Rechte:

> „Jedes Kind hat das Recht...
> ... auf Zuneigung, Liebe und Verständnis;
> ... auf angemessene Ernährung und medizinische Behandlung;
> ... auf kostenlose Ausbildung;
> ... auf volle Gelegenheit zu Spiel und Erholung;
> ... auf einen Namen und eine Staatsangehörigkeit;
> ... auf besondere Pflege für Behinderte;

> ... *darauf, unter den ersten zu sein, denen in Notsituationen geholfen wird,*
> ... *darauf, sich als ein nützliches Mitglied der Gesellschaft heranzubilden und individuelle Möglichkeiten entwickeln zu können;*
> ... *darauf, in einem Geiste von Frieden und weltumfassender Brüderlichkeit erzogen zu werden;*
> ... *darauf, in den Genuß dieser Rechte zu kommen, ungeachtet der Rasse, Farbe, des Geschlechts, der Religion, der nationalen oder sozialen Herkunft."*
>
> (s. mittendrin 2/91 S. 32).

zu (1):
Die Formulierung für dieses Grundrecht ist u. a. im Kapitel „Heimpädagogik - eine Totgeburt?" enthalten. Auch warum geschlossene Einrichtungen für Kinder zu verbieten sind, wurde erläutert.

Gelegentlich schafft es ein ehemaliges Heimkind, irdische Gerichte zu bemühen, damit Verantwortliche aufgrund ihrer Missetaten verurteilt werden. So wurde beispielsweise in 1991 vor dem Berliner Landgericht ein 40jähriger Erzieher wegen Vergewaltigung eines zwölfjährigen gehbehinderten Heimkindes zu zwölf Jahren Haft verurteilt (Die Rheinpfalz vom 4.9.91 Ehemaliger Erzieher verurteilt). Die zwölfjährige war inzwischen 21 Jahre alt und als Arzthelferin tätig. In dem Zeitungsbeitrag ist ausgeführt, dass das Gericht letztlich den Angaben des Opfers folgte.

Eine späte „Genugtuung" für das Opfer? Mit Sicherheit nicht! Der kriminelle Nährboden der geschlossenen Einrichtung ist nicht entfernt. Dies war sicherlich auch kein Gegenstand gerichtlicher Entscheidung. Dem Opfer war es aufgrund „fleischlicher Verletzungen" möglich, dagegen effektiv vor Gericht vorzugehen. Schließlich ist dies ein echter Straftatbestand. Wie sieht dies bei Knaben aus:

- Erzieherinnen, die das nackte Gesäß eines Knaben mit dem Stock schlagen, sind nicht nur züchtigend tätig, sondern auch aufgrund abartiger sexueller Neigungen. Glücklicherweise wird in solch einer Situation wohl kaum der Penis eines Jungen steif, wer weiß wozu eine Erzieherin dann fähig wäre. Für

die Leser, die es nicht wissen: bei jungen Knaben ist es normal, wenn der Penis steif werden kann (fragen Sie einen Urologen oder Eltern, die Knaben haben).
- Erzieherinnen, die sich nachts Knaben in ihr Bett holen, um ihnen fehlende Liebe zu geben, kommen wohl kaum in die Verlegenheit, bei diesen Knaben einen steifen Penis zu spüren. Ich bin natürlich kein Sexologe. Ich stellte nur damals fest, dass einige Knaben es besonders lange aushielten. Vielleicht war es ihnen auch eine besondere Freude, außer der Mundküsserei die Weichteile zu spüren. Wir wussten ja damals noch nicht, dass es sich dabei um die Brüste einer Frau handelt.

Deutlich wird hierbei auch, dass eine liebevolle Frau einem Knaben keinen körperlichen Schmerz zufügen kann, während ein liebevoller Mann dies bei einem Mädchen leider praktizieren kann, sofern er mit dem Penis in sie eindringen will. Doch in der Summe der körperlichen und seelischen Züchtigungen kann ich bei Mädchen und Knaben in geschlossenen Einrichtungen keine Differenzierung vornehmen. Eine Steigerungsform von Erniedrigung und Misshandlung gibt es nicht. Dem Opfer war laut Zeitungsbericht nicht richtig bewusst gewesen, was eigentlich passierte. **„Es habe weh getan und sie habe nur gehofft, dass es bald vorbei sei"** (ebenda). Das Opfer konnte die Begebenheit also nur als körperliche Schmerzzuführung wehrten, als was auch sonst? Eine andere Wertung können Knaben auch nicht vornehmen, wenn ihnen das nackte Gesäß „poliert" wird oder wenn sie sich - nur um einem medizinischen Fachvortrag zu genügen - ausziehen müssen.

Erzieher/innen in geschlossenen Einrichtungen können in der Regel aufgrund mangelnder sexueller Aufklärung kaum begreifen, was bei pubertierenden Knaben so alles passieren kann. Knaben stellen auf einmal fest, dass ihr Penis steif wird. Dann schaut man mal nach, ob das bei anderen Knaben auch der Fall sein könnte. Also präsentiert man seinen steifen Penis. Und siehe da, es gibt Nachahmer und Weggucker. Manch einer könnte auf die Idee kommen, dies schnell der Erzieherin zu melden. Doch da kommt ein weiterer wichtiger Aspekt: pubertierende Knaben stellen fest, dass sie an Kraft gewinnen. Und wehe demnach, einer macht den Mund auf. In dem einen oder anderen Fall musste es doch wohl mal passiert sein oder der Knabe hatte es drauf ankommen gelassen, weil er ein neues Betätigungsfeld brauchte, die Jugendverwahranstalt. Geschlossene Einrichtungen für Kinder und Jugendliche sind zu verbieten. Einem Erzieher ist es wohl kaum möglich, sich in sexuellen Angelegenheiten seiner anvertrauten Zöglinge an die Heimleitung zu wenden, zumal die Heimleitung durch eine Nonne oder einen Pater repräsentiert wird. Sexuelle Probleme werden dann als Teufelswerk gekennzeichnet. Vielleicht hilft ein Teufelsaustreiber, eine Betätigung, die manchen Religionen - wie auch der katholischen - nicht fremd ist. Und ich denke, dass hier die „Narrenfreiheit" heutzutage aufhören muss. Auch Teufelsaustreiber gehören verboten.

Weitere Ergänzung 2016:
zu (2) und (3):
Es sollte eine selbstverständliche Pflicht jedes Erwachsenen sein, elternlose Kinder bei sich aufzunehmen. Die oberste Verpflichtung trifft die Verwandtschaft, wobei ich die Einschränkung machte, dass dies zumutbar sein muss. Wenn trotzdem jemand das Kind nicht haben will, weil ihm keine „schlaue" Begründung einfällt, sollte es auch nicht aufgezwungen werden. Wir leben in einem freiheitlich demokratischen Rechtsstaat. Es gibt Mitmenschen genug, die gerne Kinder zu sich nehmen möchten und ich kann voraussetzen, dass dies auch immer der Fall sein wird. Wo würde sich eine Gesellschaft hin entwickeln, wenn sie kein Interesse mehr für die Kinder hätte?

Leider hat auch hierbei die bundesdeutsche Behördenlandschaft so ihre eigenen Gesetzmäßigkeiten entwickelt. Es gibt danach kinderunfähige Menschen. Die folgenden Beispiele sind ebenfalls wieder rein exemplarisch und sollen den Leser nicht dazu verleiten, alle Behörden diesbezüglich gleichzusetzen:

(1) Mein Patenonkel wäre bereit gewesen, mich zu erziehen. Leider kinderunfähig, da nicht verheiratet und keine eigenen Kinder, außerdem natürlich berufstätig und daher keine Zeit für das Kind.

(2) Ein Managerehepaar möchte ein Kind zu sich nehmen, da selbst keine Kinder gezeugt werden können. Leider kinderunfähig, da bei-

de berufstätig sind und deshalb keine Zeit für das Kind haben, obwohl das Geld für eine Erzieherin und weiterem Betreuungspersonal vorhanden wäre.

(3) Ein Manager im Alter von 50 Jahren möchte sein vieles Geld in Kinder „investieren". Seine etwa gleichaltrige Frau, inzwischen zwei Kinder großgezogen, unterstützt ihren Mann darin. Leider nicht mehr kinderfähig, da inzwischen zu alt.

(4) Ein Elternpaar ohne Kinder möchte ein Pflegekind. Leider kinderunfähig, da die jetzige Wohnung zu klein ist und auch sonst nicht den Vorstellungen der Behörde entspricht.

Die Beispiele ließen sich noch fortführen, mal ist man zu alt, mal zu reich, mal fehlt die Zeit, mal fehlen eigene Kinder, oftmals entspricht man einfach nicht den Vorstellungen der Behörde. Wo bleiben die Kinder? Dort, wo sie sind, im Kinderkäfig.

Warum werden potentiellen Pflegeeltern andere Motive für ihre Kindererziehung unterstellt als leiblichen Eltern? Unsere Behörden hätten viel zu tun, wollten sie sämtliche Maßstäbe, die sie bei potentiellen Pflegeeltern ansetzen, bei leiblichen Eltern kontrollieren. Solange beide Elternteile vorhanden sind, interessiert sich keine Behörde für die Kinder. Da haben die Eltern „Narrenfreiheit". Es ist hinreichend genug bekannt, dass auch in Familien Glück und Unglück von Kindern dicht beisammen sein können. Auch bei intelligenten Eltern können „dumme" Kinder entstehen (Franke 1991 in Zeitschrift Capital 10/91 S. 285). Gebt Heimkindern zumindest die Chancen, etwas Besseres aus sich machen zu können. Da ist zunächst mal jeder Erwachsene für geeignet, der ein Kind haben möchte. Und familienunfähige Kinder gibt es nicht. Das sind Spinnereien von Erwachsenen, die ohnmächtig sind, kindliche Bedürfnisse zu erkennen und scheinbar den lieben langen Tag nichts Besseres zu tun haben, als darüber nachzugrübeln, was wohl das Beste für ein Kind ist. Eine bessere Selbstbeschäftigung auf Staatskosten ist kaum vorstellbar.

zu (4):

Die eigene Abstammung und Herkunft zu kennen, ist sehr wichtig für die eigene Lebensgestaltung. Dies hat inzwischen auch unser Bundesverfassungsgericht (BVG) erkannt (Handelsblatt 1.2.89 Familienrecht/Einige Paragraphen grundgesetzwidrig). Der Erste Senat des BVG beschränkt dieses Recht jedoch auf die Volljährigkeit des Kindes und begrenzt das Recht auf das Elternrecht.

Was bedeutet dies?

Die Klärung der eigenen Abstammung gegen die eigenen Eltern (bzw. die Familie) kann erst dann mit rechtlichen Schritten er- wogen werden, wenn das Kind volljährig ist. Das BVG möchte damit Prozesse minderjähriger Kinder vermeiden, um den Familienfrieden zu wahren oder die Ehe der Mutter nicht zu zerstören. Bei Volljährigen sei die Gefährdung des Familienfriedens dann nicht mehr gegeben, wenn die Eltern mit der Klärung einverstanden sind. Also ein klares Votum für das Elternrecht über dem Kindesrecht. Das Persönlichkeitsrecht des Kindes wird begrenzt durch das Elternrecht, denn die Eltern müssen einverstanden sein.

Ich habe mich gefragt, weshalb es eigentlich nötig ist, die Kenntnis seiner eigenen Abstammung gerichtlich klären zu lassen, zumal rechtlich keine Unterschiede mehr zwischen ehelichen und sogenannten unehelichen Kindern gemacht werden. Dann ist es mir nach kurzem Überlegen wohl eingefallen: das Erbrecht. Sollte sich herausstellen, dass ich zufälligerweise der Sohn eines „reichen Herrn" bin, stünde mir doch noch eine schöne Erbschaft ins Haus und darüber könnte ja auch meine Mutter glücklich sein. Leider bin ich jedoch aufgrund der bundesdeutschen Gesetzeslage gezwungen, dies gerichtlich klären zu lassen. Ansonsten bin ich dem Wohlwollen dieses „reichen Herrn" überlassen. Natürlich könnte auch der „reiche Herr" das gleich amtlich bestätigen lassen. Nein, auch dies ist gerichtlich zu klären. Selbst ein Jugendamt kann nicht einfach hingehen und aus einer Ehelichkeit eine Unehelichkeit des Kindes machen, obwohl nachweislich feststeht, dass das Kind unehelich ist, wie dies in meinem Falle geschehen ist. Obwohl ich in der Ehe meiner Mutter geboren wurde, bin ich nicht der Sohn des damaligen Ehegatten. Dies wurde auch den Behörden bekannt. Trotzdem habe ich den

Familiennamen annehmen müssen. Als Säugling hätte ich dies auch noch nicht entscheiden können. Was hätte ich heute davon, wenn ich dies nun gerichtlich bestätigen lasse?

Außer einer Menge Arbeit wohl nichts. Mein echter Vater ist früh gestorben, er hatte damals nicht mehr lange gelebt, da er an einem Kriegsleiden gestorben sein soll. Zu erben gibt es da nichts mehr und wenn - ich brauche das Geld nicht mehr; vielleicht will ich es auch nicht mehr brauchen, vielleicht scheue ich auch einfach die Arbeit, die auf mich zukäme und Arbeit habe ich fürwahr mehr wie genug.

Außer dass man sich leider rechtlich bemühen muss, um seine Abstammung amtlich festzuhalten, wird man dies jedoch ohne Einverständnis des eigenen Elternteils nicht gerichtlich erreichen. Dies sollte auch für den Fall gelten, dass zwar der eigene Elternteil die Abstammung bekanntgibt, aber nicht haben will, dass dies gerichtlich festgelegt wird. Auch ich habe meine Mutter mehrfach gefragt, wer denn mein Vater sei. Oftmals kam ich mir dabei wie das kleine Kind von damals vor, das solange fragt, bis die Eltern nachgeben, am ehesten die Mutter, oder? Ich wäre jedoch nicht auf die Idee gekommen, dies gerichtlich klären zu lassen. Denn ich hätte können davon ausgehen, dass meine Mutter bei ihrer Meinung bleibt. Und was dann? Sollte das Gericht dann ein Strafmaß festlegen, zum Beispiel Geldstrafe? Da bei meiner Mutter sowieso nichts mehr zu holen ist, würde dann nur eine Gefängnisstrafe übrigbleiben (sog. Erzwingungshaft)? Ich denke, dass sich dies nicht mehr moralisch rechtfertigen lässt. Und da gebe ich auch dem BVG recht, dass diese Sachlage damit umschreibt, „dass das Persönlichkeitsrecht kein Recht auf Verschaffung von Kenntnissen der eigenen Abstammung verleiht, sondern nur davor schützen kann, dass erlangbare Informationen vorenthalten werden" (ebenda).

Ergänzung 2016:
Wenn ich dies in Bezug auf die eigenen leiblichen Eltern feststelle, bedeutet dies nicht, dass dies auch im Verhältnis Pflege-/Adoptivkind und Pflege-/Adoptiveltern gilt. Ich könnte dies nur gelten lassen, wenn Pflege-/Adoptivkind und Pflege-/Adoptiveltern den gleichen rechtlichen Status wie eigene Kinder und eigene Eltern haben.

Sollten die Pflege-/Adoptiveltern sich weigern, das Kind über seine Abstammung aufzuklären, hat dies durch die Behörde zu erfolgen, spätestens mit Vollendung des 16. Lebensjahres des Kindes. Auch wenn das heute noch viele Adoptiveltern nicht wahrhaben möchten, muss ich diesen leider sagen, dass es Unsinn ist, dies nicht tun zu wollen. Spätestens beim Blick ins Stammbuch kommt es heraus. Dazu muss man dann nicht warten, bis das Kind das 18. Lebensjahr vollendet hat.

Wann soll man es denn sagen?

Die Antwort dazu ist ganz einfach. Man sollte es dann seinem Kinde sagen, wenn es danach fragt oder wenn es unterstellt, dass die Adoptiveltern die eigenen Eltern sind. Alles andere bedeutet einen Vertrauensbruch in der Beziehung zwischen Adoptivkind und seinen Eltern. Es gibt vielerlei Quellen, aus denen ein Kind schöpfen kann, wenn auch unbeabsichtigt. Da ist zunächst die Verwandtschaft. Die Verwandtschaft ist der Familienclan, der sogenannte Stammesverband. Dort weiß es jeder (ausgenommen jene, die sich für so etwas scheinbar nicht interessieren und das sind einige wenige, oder?). Auch wenn jemand so tut, als wüsste es niemand, ist dies in der Regel bekannt. Das ist wie in der „Gerüchteküche eines Betriebes". Jeder sagt dem anderen: „Aber bitte nicht weitersagen - ganz vertraulich" und am Schluss weiß es dann fast jeder, auch solche, die gerne der Gerüchteküche fernbleiben. Das kann durchaus auch in der Verwandtschaft passieren, zumindest kann es nicht ausgeschlossen werden. Ein Onkel oder eine Tante sagt dem Kind, wer seine Eltern sind und nicht sind und bitten es aber eindringlich, es nicht zu sagen, denn sie waren doch davon ausgegangen, dass das Kind es schon weiß - wo wir doch heute alle so aufgeklärt sind oder zumindest so tun, als ob? Das Kind tut dann seinem Onkel oder seiner Tante den „Gefallen" und die Eltern wundern sich, warum das Kind auf einmal so anders ist.

Eine weitere ergiebige Quelle ist oft die Nachbarschaft. Ein Nachbar erzählt es seinen Kindern und die erzählen es in der Schule oder auf der Straße ihren Nachbarskindern. Irgendwann erreicht das „Gerücht" auch das Kind.

Schließlich sind es die im Rahmen der sexuellen Aufklärung ganz alltäglichen Begebenheiten, in die Kinder gelangen. Da sieht ein Kind eine Frau spazieren, die einen dicken Bauch hat. Das Kind fragt in einem bestimmten Alter: „Warum hat die Frau so einen dicken Bauch?" Die Antwort: „Da wächst ein Baby", lässt das Kind vielfach schlussfolgern: „Dann bin ich ja auch in Mamas Bauch gewesen". Und hier sollte nicht ein „Ja" folgen, sondern ein „Nein". Je nach Situation dürfte es sicherlich reichen, wenn die Antwort auch zunächst lautet: Darüber sprechen wir zuhause oder das muss nicht sein, das kann auch eine andere Mama gewesen sein. Zuhause ist dann die korrekte Antwort fällig.

Im Zusammenhang mit der Diskussion über die Zwangsadoptionen in der ehemaligen DDR wurde auch der Blick auf einen neuen Aspekt bei den Adoptionen gerichtet: ein pädagogischer Fachvertreter fordert die offene Adoption! (Schreiner 1991). Was ist damit gemeint?

Fast alle Adoptionen sind „ ... Inkognito-Adoptionen, das heißt, die Adoptiveltern und Adoptivkinder kennen nicht die Herkunftseltern ... "(ebenda). Der Pädagoge fordert, dass sich Adoptiv- und Herkunftseltern miteinander bekanntmachen. „Danach entscheidet das Kindeswohl. Das Kind muss da bleiben, wo es sich wohlfühlt und wo es seine emotionalen Eltern hat" (ebenda).

Hier denke ich ist sicherlich der Fachmann bzw. die Fachfrau gefordert. Aufgrund der egoistischen Natur des Menschen, halte ich es für kaum möglich (Ausnahmen gibt es wohl immer!?), dass sich Adoptiv- und Herkunftseltern „zusammenraufen". Zunächst einmal muss den Adoptiveltern verständlich gemacht werden, dass ein Kind einen erblichen Ursprung hat. Diesen muss es kennenlernen. Dies kann dann nur in Zusammenarbeit mit Fachleuten, insbesondere Psychologen/Pädagogen erfolgen. Aber nur unter dem Aspekt des Kennenlernens und nicht unter dem Aspekt, das Kind von seinen Adoptiveltern wegzuholen. Denn entweder haben die Adoptiveltern die gleichen Rechte wie leibliche Eltern oder nicht. Hätten sie nicht die gleichen Rechte, sind es keine Adoptiveltern mehr, sondern Pflegeeltern. Wie ich bereits in Kapitel 6 ausführte, verwende ich den Begriff Adoption in dem Sinne, dass elternlosen Kindern neue Eltern gegeben werden. Solange die Eltern oder ein Elternteil noch lebt, ist es schlicht Unsinn, Kinder zur Adoption freizugeben. Es kann doch nicht wahr sein, dass einer Mutter in unserer Gesellschaft nichts mehr anderes übrigbleibt, als ihr Kind freizugeben. Wo sind wir hingekommen? Ist dies wieder ein Relikt religiöser „Narrenfreiheit" oder behördliches Unvermögen? Auch meine Mutter wurde mehrfach angehalten, ihre Kinder zur Adoption freizugeben. Glücklicherweise ist meine Mutter standhaft geblieben und hat sich auf diese behördliche „Frechheit" nicht eingelassen. Eine Mutter, die ihr Kind hergibt, tut dies nicht freiwillig, es sei denn, sie ist krank bzw. geistig verwirrt oder hat nicht die Willenskraft (da schwerstbehindertes Kind) oder hat aufgrund einer Vergewaltigung ein Kind bekommen. Sollten diese oder ähnliche Gründe nicht zutreffen, wäre der gesellschaftliche Druck dafür relevant, für die Frau und Mutter ein „Kampf", der wohl zu oft gegen das Kind entschieden wird. Die Jahre vergehen, die Mutter wird ihr Kind geistig/gedanklich nicht los oder dann doch, denn „die Zeit heilt alle Wunden"! Etliche schaffen es dann doch schon oder ist es nur die Initiative von Adoptiv-/Pflegekindern? Man nimmt Kontakt auf, lernt den einen Elternteil kennen, seltener beide. Ich habe meine Mutter wieder kennengelernt, doch ich hätte es meinen Pflegeeltern nicht zumuten können und wollen. Da liegen „geistige Welten" dazwischen. Meine Mutter, die ihre geliebten Kinder nie hätte hergeben wollen, trifft auf Pflegeeltern, die ihre Kinder hat - wenn auch von Amts wegen. Das passt nicht! Das passt bestenfalls dann, wenn eine Mutter ein „Kuckuckskleid" anzieht. Solange ein Elternteil lebt, sollte eine Adoption ausgeschlossen sein. Es kann sich da nur um Pflegeelternschaften handeln und nicht um Adoptiveltern. Dann ist auch die Forderung nach „offener Adoption" sinnvoll, wobei der Begriff „Adoption" hier nicht passt. Treffender wäre die Bezeichnung „offene Pflegestellen". Es wäre für alle Beteiligten hilfreicher, wenn bei dem Begriff Adoption eine klare Trennung zur Pflegschaft erfolgt. Eine Adoption ist nicht mehr rückgängig zu machen. Solange jedoch ein leiblicher Elternteil lebt, kommen immer mal wieder solche Forderungen, wie die Lockerung des Adoptionsrechts in die Diskussion. Wenn ich so etwas lese, denke ich auch immer an „Lockerung des Elternrechts". Und so wie sich beim Elternrecht nichts zu lockern gibt, so sollte dies auch für Adoptionen sein.

Natürlich haben Adoptiveltern den Mut zum höheren Risiko, wenn sie sich ein Kind von einem „Schreibtischtäter" vorauswählen lassen. Leibliche Eltern wissen da schon eher, wo sie dran sind. Doch eine Garantie, dass aus ihren Sprösslingen „Genies" werden, haben auch sie nicht. Es trifft etliche sogar so schlimm, dass ihre Sprösslinge missraten (Franke 1991). Ich teile die Auffassung der sog. Milieutheoretiker, die über 80 % des menschlichen Verhaltens auf das Milieu zurückführen, in dem diese Menschen groß geworden sind. Wie ich in meinem Erstlingswerk feststellte, sind die Kinder im Wesentlichen das Abbild ihrer Eltern bzw. einer gegebenen Erziehungskonstellation. Natürlich mögen auch erbliche Faktoren eine Rolle spielen, doch ohne menschliche Liebe und Geborgenheit geht nichts. Beim Menschen kommt in der kindlichen Entwicklung zunächst die Befriedigung des Gefühls und erst viel später die Entwicklung des Verstandes. In der Erwachsenenwelt scheint sich alles nur noch um die Fortentwicklung des Verstandes zu drehen und nicht mehr um das Gefühl. Und dies ist auch die immense Diskrepanz in der Erziehung in geschlossenen Einrichtungen. Die Erzieher „regieren" mit Verstand, die Heimkinder versuchen es mit dem Gefühl. Die Wissenschaft bemächtigt sich des Verstandes und scheitert am kindlichen Gefühl. Dies zeigt sich auch ganz exemplarisch in den folgenden Worten:

> *„Was wissen wir über das Kind im Heim? Eine eindeutige Antwort scheint es nicht zu geben ... Es könnte jedoch auch der Fall sein, das Kinder mit unserer Art zu denken überhaupt nicht zu erreichen sind"*
>
> (Kupffer 1982 S. 93).

Wie Erwachsene denken, interessiert Kinder nicht, wenn ihnen die Befriedigung ihres Grundbedürfnisses vorenthalten wird, das Grundbedürfnis nach Liebe in familiärer Geborgenheit.

Nachdem ich dieses Manuskript bereits fertiggestellt hatte, sah ich am 15.4.92 im Fernsehen die Sendung „Wie würden Sie entscheiden?" Es ging dabei um zwei Väter, die sich um ein Kind stritten. Wie kam dies zustande?

In einer nichtehelichen Beziehung wurde ein Kind geboren. Die Partner trennten sich, die Mutter erhielt das Sorgerecht, der Vater ein Besuchsrecht. Die Mutter ging wieder eine Partnerschaft ein, dieses Mal mit dem Segen des Standesamtes, also ehelich, was für das betreffende Kind sicherlich ohne Bedeutung war. In der neuen Beziehung wurde ein Kind geboren und plötzlich waren somit zwei Geschwister da. Beide Ehepartner wollten nun von dem leiblichen Vater des unehelichen Kindes nichts mehr wissen und um dies auch zu realisieren, erklärte sich der „neue" Vater zur Adoption des inzwischen achtjährigen Kindes bereit. Dies akzeptierte der leibliche Vater nicht. Daraufhin klagte der „neue" Vater mit seiner Partnerin und was zumindest mich nicht verwunderte trat ein: die neuen Eltern durften von Amts wegen das Kind adoptieren.

Es stellten sich jedoch - nicht nur für mich - einige psychologisch abartige Phänomene ein:

- der leibliche Vater verlor - bedingt durch unsere derzeitige Rechtslage - seine sämtlichen Rechte und Pflichten gegenüber seinem Kind, das heißt er muss künftig so tun, als hätte er nie ein Kind gehabt. Auch kann er sein Kind nicht beerben, sondern bestenfalls beschenken.
- gegen die Entscheidung des Familiengerichts konnte der leibliche Vater nicht mehr klagen, da dies die erste und letzte Instanz war.
- das Gericht berief sich in seiner Entscheidung auf die Stellungnahme des Jugendamtes. Die betreffende Sozialarbeiterin befragte das Kind und kam zu dem Schluss, dass das Kind adoptiert werden müsste, da dies zum Wohle des Kindes sei. Das Gericht zeigte sich nicht imstande bzw. hielt es für nicht notwendig, das Kind selbst zu befragen.

Nach der nachgespielten Urteilsverkündung wurde dazu als Experte der Bundesjustizminister gehört. Dieser stellte dann für mich einen gewissen Lichtblick dar, da er äußerte, dass er diese Entscheidung nicht so getroffen hätte. Er ließ jedoch offen, wie er entschieden hätte. Nun, viel Auswahl wäre wohl nicht gegeben, doch zumindest erweckten die Äußerungen den Anschein, dass der leibliche Vater sein Kind nach wie vor hätte sehen können.

Bemerkenswert an dieser noch gültigen Rechtslage ist, dass das Gericht sowohl die biologischen als auch psychologischen Gegebenheiten unbeachtet lässt, denn sowohl biologisch als auch psychologisch bleibt der leibliche Vater nach wie vor der Ursprungsvater. Über diese Grundfakten menschlichen Lebens eine Rechtsordnung draufzusetzen, die dies wohl aus der Welt zu schaffen glaubt, ist rechtlicher Irrsinn und das mit Methode, denn als etwas anderes stellt sich die gerichtliche Entscheidung nicht heraus. Das juristisches Denken so fehlgeleitet sein kann, lässt sich wohl nur damit erklären, dass hier Richter über etwas ein Urteil fällen müssen, dass sie persönlich nie berührt hat und/oder der biologische und psychologische Sachverstand fehlt. Wenn dann die gerichtliche Entscheidung im Wesentlichen auf den Äußerungen einer nur mäßig qualifizierten und wohl auch nur mäßig psychologisch erfahrenen Sozialarbeiterin basiert, dann ist dies bestenfalls ein Armutszeugnis unserer wohl so hoch entwickelten Rechtsprechung. Doch der Bundesjustizminister stellte ja einen Lichtblick dar, der diese Sachlage zur weiteren juristischen Behandlung an sein Ministerium gibt. Vielleicht bedient er sich dabei auch betroffener Menschen und psychologischer Fachleute, damit nicht weiterhin solcher Unsinn von Richtern „im Namen des Volkes" gesprochen wird, denn scheinbar sind etliche Richter auch heute noch nicht imstande, auch einmal über die bestehende Rechtslage hinaus zu blicken.

zu (5):
Das Recht, bei dauerhafter Unterbringung den Familiennamen der Ersatzfamilie führen zu können, wird wohl an bürokratischen Hemmnissen scheitern, obwohl es eine sogenannte Bestallungsurkunde gibt, die hierzu verwendet werden könnte. Der Anspruch auf den gleichen Familienstatus scheitert natürlich am Erbrecht, dass nur den Blutsverwandten zusteht. Damit kann sich jedoch ein „fremdes" Kind arrangieren lernen.

zu (6):
Die Aufklärung der Kinder über ihre Grundrechte beinhaltet auch das Aufzeigen konfliktärer Rechtsbeziehungen, wie zum Beispiel beim Recht auf Kenntnis der eigenen Abstammung dargestellt. Des Weiteren genügt es nicht, nur die Rechte darzustellen, sondern es müssen auch die Pflichten deutlich gemacht werden. Ich denke dabei an den sog. Generationenvertrag, jenen Vertrag, der sowohl die Eltern gegenüber ihren Kindern als auch die Kinder gegenüber ihren Eltern dazu verpflichtet, sich gegenseitig in Notsituationen zu helfen. Weiterhin gehört es auch zur Aufklärung von Rechten und Pflichten darüber zu sprechen, was es für die soziale Gemeinschaft bedeutet, wenn sich einzelne ihre „eigenen Rechte" herausnehmen und sich nicht rechtskonform mit der Gemeinschaft/Gesellschaft verhalten. Wie sanktioniert die Gesellschaft rechtswidriges Verhalten? Worin besteht der Unterschied zwischen Recht und Moral? Welche Perspektiven haben noch Menschen in einer Gemeinschaft, wenn sie zum Beispiel im Gefängnis waren? Wieweit sind strafbare Handlungen selbst- oder fremdverschuldet? Wie lange kann man für sein eigenes Fehlverhalten seine Herkunft verantwortlich machen? Wo liegt die Eigenverantwortung des Menschen? Man kann nicht mehr als Erwachsener sein eigenes Fehlverhalten nur mit der eigenen familiären Herkunft und der Erziehung rechtfertigen. Man ist selbst erwachsen und hat eine eigene Verantwortung, nicht nur gegenüber der Umwelt, sondern vor allem auch gegenüber den eigenen Eltern. Dabei gibt es biologisch und psychologisch gesehen wohl zwei Grundphänomene in der Eltern-/Kindbeziehung:

1. Man kann nicht einfach aufgrund der Tatsache, dass beide Elternteile „sehr intelligent" sind folgern, dass dann auch intelligente Kinder entstehen. Aus intelligenten Eltern können „dumme" Kinder entstehen. Man könnte das Wort „dumm" auch mit „geistig minderbegabt" übersetzen. So bitter wie dies auch für die Eltern sein mag, es kann kaum geleugnet werden. Ein Fachmann kann daher das Fehlverhalten erwachsener Kinder nicht nur damit rechtfertigen, dass die Eltern fast keine Zeit für das Kind hatten (Franke 1991).

2. Man kann nicht einfach aufgrund der Tatsache, dass beide Eltern „geistig minderbegabt" sind folgern, dass dann auch „dumme" Kinder

entstehen. Auch ist es nicht zwingend notwendig, beide Elternteile zu haben, es genügt eine dauerhafte Bezugsperson; es muss noch nicht einmal der leibliche Elternteil sein.

Trotz widrigster Umstände gelang mir eine akademische Qualifizierung. Ich zehrte von der Liebe meiner Mutter, die ich fast sieben Jahre erfuhr. Die geistige Intelligenz kann ich kaum von meiner Mutter haben, vielleicht habe ich sie von meinem Vater, der leider früh verstarb, vielleicht war es auch gerade die Kombination väterlicher und mütterlicher Erbmasse, vielleicht ist Intelligenz auch stark milieubedingt. Doch das tragende Fundament intellektueller Entwicklung ist die Liebe und eine für das Kind harmonische Umgebung. Bei Menschen mit weit überdurchschnittlichen Leistungen spricht man gerne von Genies. Für diese Fähigkeiten mag sicherlich eine spezielle Kombination menschlicher Gehirnmasse mit beigetragen haben. Ein Genie wird geboren, es kann sich aber auch nur entfalten, wenn das tragende Fundament mitgegeben wird, die Liebe und die für das Kind harmonische Umgebung.

zu (7):
Ich denke, unsere deutschen Behörden sollten sich einmal eingehend mit den von den Vereinten Nationen festgelegten Grundsätzen zur Kindererziehung verständigen. Vielleicht reicht es auch, wenn sich die Kinderkommission des Deutschen Bundestages damit befasst. Doch halt, es reicht wohl nicht, denn es betrifft doch nur eine Minderheit: was sind schon 100.000 Heim- und Pflegekinder bei den Millionen von Kindern; jährlich werden in der Bundesrepublik Deutschland über 600.000 Kinder geboren. Da bleibt in den Kinderkommissionen, die es ja auch auf Länderebene gibt, wohl nur Zeit beispielsweise darüber zu „fachsimpeln" wieviel Kinderspielplätze in einem Wohngebiet herzurichten sind oder wie groß ein Kinderzimmer sein sollte. Es kann bestenfalls um allgemeine Kindesinteressen gehen; natürlich ist dies besser als nichts.

Kindererziehung geht uns alle etwas an. Die Bereitschaft, Kinder in die eigene Familie zu nehmen, ist immer bei Eltern latent vorhanden, doch nicht die Bereitschaft, sich auf behördlichen Unsinn einzulassen. Dass es die Bundesrepublik Deutschland noch nötig hat, Kinder in Kindergefängnissen zu halten, ist ein Armutszeugnis bürokratischer Herrschaft. Geschlossene Einrichtungen für Kinder sind nichts anderes als bürokratische Missbildungen und menschlich abartig; sie sollten verboten sein.

8.2. Abgleich mit dem Grundlagenwerk von David Archard

„Rights talk is not the way to speak of children"
(David Archard).

David Archard ist Philosophieprofessor an der Queens Universität Belfast, UK. Sein Buch „Children: Rights and Childhood" gilt weitgehend betrachtet als das erste Buch das eine detaillierte Auseinandersetzung über Kinderrechte bietet. So die allgemeine Einführung des Verlages zum Buch. Das Buch ist im Jahre 2015 in der dritten Auflage bisher nur in englischer Sprache erschienen. Es hat mich sehr interessiert, was ein Fachmann außerhalb Deutschlands im wissenschaftlichen Kontext über Kinderrechte ausführt. Doch nicht nur Kinderrechte als solche sind Thema seines Buches sondern auch ganz praxisorientiert Analysen zum elterlichen Recht auf Privatsphäre und ihre Selbstbestimmung (Autonomie) sowie eine Begriffsbestimmung und eine Verständigung zum Problem Kindesmissbrauch, speziell des sexuellen Kindesmissbrauchs.

Archard macht im obigen Zitat deutlich, dass Gespräche über Rechte nicht die Art sind wie mit Kindern zu sprechen ist. Dies zeigt auch die Schwierigkeit, Kinder entsprechend darüber zu informieren, damit sie ihre Rechte einfordern können. Doch dies zeigte auch die Sexualaufklärung, die in den Schulunterricht integriert wurde, denn zu wenigen Eltern gelingt die adäquate Heranführung an dieses Thema. Die Aufklärung über Kinderrechte gehört daher auch in den Schulunterricht, vermittelt von Fachleuten, die nicht Mitglieder des Lehrerkollegiums derselben Schule sind.

Ich konzentriere mich im Folgenden auf die im vorherigen Abschnitt aufgeworfenen Aspekte aus meiner Analyse Anfang der 1990er Jahre mit dem dazugehörigen Update.

8.2.1. Kinderrechte in der Staatsverfassung?

Auch wenn inzwischen über 190 Staaten die UN Kinderrechtskonvention ratifiziert haben, so sind sie bisher nur in die wenigsten Staatsverfassungen übernommen worden (Archard S. 107). Die USA und Somalia haben noch nicht ratifiziert, beabsichtigen es jedoch (ebenda). Einige wenige Länder, darunter Niederlande und Norwegen, haben die Kinderrechtskonvention in ihre Gesetze aufgenommen mit direkter Bindungswirkung für Staat und Bürger. Dennoch wäre es verfehlt nun davon auszugehen, dass in anderen Ländern außer einer formalen Unterschrift unter ein Vertragswerk nichts geschehen wäre. Archard führt folgende weitere Gründe an, wonach nun die Kinderrechtskonvention nicht nur ein Startpunkt für Diskussionen über Kinderrechte ist, sondern mehr:

Die Kinderrechtskonvention hat einen außergewöhnlichen allgegenwärtigen und bedeutenden Einfluss auf Gesetze und politische Entscheidungsträger, die über den Status von Kindern nachdenken (ebenda S. 107). Sie gilt als Benchmark (Maßstab) gegenüber die sich Regierungen die Fortschritte im Feld der Kinderrechten bewerten können. Es gibt regelmäßige Berichte und klare Verpflichtungen für die Infrastruktur. Die Konvention bewirkt einen Rückgang der Kindersterblichkeit, eine Ausweitung von Ausbildungsmöglichkeiten für Kinder, eine Begrenzung zur Rekrutierung von Kindersoldaten und Kinderarbeit sowie Menschenhandel. Insgesamt gute Gründe die UN Kinderrechtskonvention zu befürworten und Gebrauch von ihr zu machen.

Natürlich sind die praktischen und gesetzlichen Einflüsse der UN Kinderrechtskonvention begrenzt. An erster Stelle nennt Archard den weltweiten systematischen Missbrauch von Kinderrechten. Viele Kinder sind gezwungen zu arbeiten, Flüchtlinge und asylsuchende Kinder sind oft getrennt von ihren Familien. Waisenkinder unter staatlicher Fürsorge und Kontrolle sind oft missbraucht, wohnen in Institutionen wo sie Quälereien und Ablehnungen erfahren (ebenda S. 109).

Wesentlicher Grund für die mangelnde Umsetzung der UN Kinderrechtskonvention in etlichen Ländern sieht Archard darin, dass ein internationaler Gerichtshof fehlt bzw. nicht verfügbar ist (ebenda).

Fazit: Die Bundesrepublik Deutschland hat die UN Kinderrechtskonvention ratifiziert, jedoch noch nicht im Grundgesetz eingebunden. Es gibt keine direkte Verpflichtung zur Anwendung der UN-Kinderrechtskonvention. Dennoch ist einiges passiert. So wurde Ende der 1960iger Jahre die Prügelstrafe offiziell in den Schulen und sonstigen öffentlichen Einrichtungen wie Kinderheimen und Jugendanstalten abgeschafft, wenn auch nach Urteil des Bundesverfassungsgerichts im Jahre 1968 (Müller-Münch S. 265). Im Jahre 1975 wurde das Volljährigkeitsalter vom 21. Lebensjahr auf das 18. Lebensjahr gesenkt, wie es die UN-Kinderrechtskonvention vorsieht, wonach Kinder mit einem Alter unter 18 Jahren definiert sind. Die Bundesrepublik Deutschland versucht also einiges umzusetzen und schafft dabei nicht alles. Ein Thema ist weiterhin der Kindesmissbrauch, wenngleich sich die Regierungsvertreter bei öffentlicher Bekanntmachung und nicht mehr möglicher Leugnung dieses Themas annehmen, wie der Fall der Bundestagskommission „Runder Tisch Heimerziehung der 1950iger und 1960iger Jahre" gezeigt hat, zu der Ende 2010 ein Abschlussbericht erstellt wurde. Vorausgegangen war die Gründung eines Heimkinderverbandes im Jahre 2004, dem mit Nachdruck Gehör verschafft wurde. Doch nicht alles wird vermieden, so wie es derzeit immer noch passiert, dass Flüchtlinge von ihren Kindern getrennt gehalten werden, wenn diese nicht gemeinsam fliehen konnten. Auch wird weiterhin an Kinderheimen festgehalten und kleinen Kindern die Möglichkeit verwehrt, zumindest eine dauerhafte Bezugsperson zu haben, die Privatsphäre und elterliche Autonomie garantieren kann.

Zu meiner Frage „Welche Rechte hat denn nun ein Kind?" formulierte ich 7 Antworten. Die Antworten 1-6 sind meines Erachtens klare Folgerungen für eine Vielfalt an familiären Möglichkeiten und die starke Einbeziehung der Erwachsenenwelt, das heißt jeder Erwachsene, ob mit oder ohne Kinder, sollte sich den Kindern verpflichtet fühlen:

> *„Kindererziehung sollte eingebunden sein in einem Netzwerk von Verwandtschaft und Gemeinschaft, die elterliche Verantwortung übernehmen können – gelegentlich und in verschiedenen Ausmaßen –"*
>
> (übersetzt ebenda S. 242).

Die Antwort 7 mit Zitat auf die Veröffentlichung in der Zeitschrift „Mittendrin" ist dort nicht ganz korrekt im Sinne der UN Kinderrechtskonvention wiedergegeben: Die UN Kinderrechtskonvention sieht kein ausdrückliches Recht des Kindes auf Liebe vor. Dieses Recht auf Liebe ist nach Archard umstritten:

> *„Zum Beispiel, und umstritten, ein Recht des Kindes geliebt zu werden, ... ist kein Recht der UN Kinderrechtskonvention jedoch ist es garantiert durch Deklaration von Kinderrechten in Israel (1979) und die Kinder-Charta Japan (1951)"*
>
> (übersetzt ebenda S. 107).

Es wird nur in der Einleitung der UN-Kinderrechtskonvention hinsichtlich Liebe zum Kind auf folgendes hingewiesen (www.unicef.org/crc, englische Version, eine deutsche Übersetzung ist auf dieser Website nicht vorhanden):

> *„Recognizing that the child, for the full and harmonious development of his or her personality, should grow up in a family environment, in an atmosphere of happiness, love and understanding".*

Das Kind soll danach in einer Atmosphäre von Glück, Liebe und Verständnis aufwachsen. Es ist demnach tatsächlich nicht als ein Recht formuliert. In Teil I Artikel 7 ist folgendes ausgeführt:

> "the right to acquire a nationality and as far as possible, the right to know and be cared for by his or her parents."

Das Kind hat also nach der UN Kinderrechtskonvention nur ein Recht auf Sorge durch die Eltern. Schade, kann ich da nur erstmal sagen und ich denke ad hoc, dass wohl die Macher der UN Kinderrechtskonvention nur Männer waren bzw. die Männer die ausschlaggebenden Formulierer waren. Da sind Israel und Japan für mich die fortgeschritteneren Gesellschaften und bekennen sich klar zur Liebe zum Menschsein beginnend mit dem Kindsein.

Archard differenziert moralische und gesetzliche Rechte und bezeichnet die UN-Kinderrechtskonvention als Hauptwerk internationaler gesetzlicher Kinderrechte (ebenda S. 57: „...the United Nations Convention on the Rights of the Child, the major international legal statement of children's rights."). Bei den moralischen Rechten verweist er auf eine Moraltheorie, eine moralische Rechtfertigung und sieht dabei keine Unterscheidung zwischen zwei verschiedenen Rechtskomplexen. Ein und dasselbe Recht kann sowohl moralisch als auch gesetzlich sein. Genaugenommen ist es eine Unterscheidung danach wie Rechte verstanden werden. Ein moralisches Recht zu haben bedeutet, dass ich damit keinen gesetzlichen Anspruch ableiten kann, obwohl es strenge Unterstützung bereitstellt zum Einfordern solcher Rechte. Umgekehrt sind gesetzliche Rechte nicht unbedingt moralische Rechte (ebenda S. 58). Manche Kritiker sehen im Existieren gesetzlicher Rechte keine Notwendigkeit für die Existenz moralischer Kinderrechte.

Archard gesteht den Kindern zu, dass sie moralische Rechte haben und gleicht dies ab im Zusammenhang mit Erwachsenenrechte (ebenda S. 60). Er bezieht sich auf Joel Feinberg, der folgende Rechte unterscheidet (ebenda S. 61):

A-Rechte = Rechte, die nur Erwachsene haben

A-C Rechte = Rechte, die sowohl Kinder als auch Erwachsene haben

C-Rechte = Rechte, die nur Kinder haben

Bei den C-Rechten bezieht sich Archard auf Matthew Liao, der ausführt, dass ein Kind ein Recht hat geliebt zu werden – nicht nur darauf als geliebt behandelt zu gelten, sondern auch das Recht, Liebe empfangen zu können (ebenda S. 62). Archard sieht dies als interessantesten Gedanken aller anderen Denkansätze (ebenda S. 61):

> "Most interesting of all is the thought – defended by Matthew Liao – that a child has a right to be loved - not a right to be treated as if loved, but a right to the receipt of actual love".

Ich kann mich diesem Denkansatz nur anschließen insbesondere auch aufgrund meines eigenen Aufwachsens im elterlichen Umfeld. Hier stellt Archard für mich anschließend nur verallgemeinernd fest:

> „I am thus glad that I was properly cared for as a child so that I could grow up into the hale and hearty person I now am".

Statt des Begriffs "loved" verwendet er "properly cared for", was in Deutsch etwa heißt: „angemessen umsorgt wurde". Archard vermeidet hier die Verwendung des Begriffs Liebe, obwohl es auch für ihn der interessanteste Gedanke ist mit Bezug auf andere Wissenschaftler oder drückt er mit „angemessen umsorgt als Kind" noch mehr aus als mit dem Begriff „geliebt zu werden". Nun wenn mit „angemessen umsorgt" auch die Schlussfolgerung naheliegt, dass alles richtig gemacht wurde, dann trifft dies auch für das Geliebtsein zu. Archard widmet sein Buch seiner Mutter (nach dem Impressum auf ganzer Seite benannt: „For my mother") und hier erfährt sie somit auch, dass sie alles richtig gemacht hat. Darüber ist jeder stolz und es befreit von den eigenen Sorgen, denn der Mensch ist nicht perfekt und kann demnach nicht alles richtig machen. Doch die Liebe verzeiht.

Für Archard ist der Begriff Liebe offensichtlich nicht rein positiv besetzt und birgt gar die Gefahr des Missbrauchs und der Vergänglichkeit (ebenda S. 104):

> „Parents cannot choose to love their child; they can choose to respect its rights. And that a child should have its rights respected when love fails is surely no bad thing;....But relying on love alone to secure the well-being of children shows a misguided and perilous optimism..."

> "Eltern können nicht wählen ihre Kinder zu lieben; sie können wählen ihre Rechte zu respektieren. Und das ein Kind seine Rechte respektiert bekommt wenn die Liebe ausfällt, ist nicht schlecht ... Aber sich auf die Liebe allein zu beziehen um das Wohlergehen

von Kindern sicherzustellen zeigt einen fehlgeleiteten und gefährlichen Optimismus…"

Hier zeigt Archard ein anderes Verständnis von Liebe, verweist auf ihr Gefahrenpotential und sieht das Wohlergehen des Kindes beeinträchtigt. Es stellt sich für mich die banale Frage:

8.2.2. Was ist Liebe?

Archard liefert mir hierzu keine Antwort und sieht die Liebe nur als Idealform einer Beziehung. Zudem verwendet er die Begriffe „love" und „affection" gleichermaßen:

> „Throughout this discussion it has been assumed that where affection or love does characterise a relationship, this is good enough. Indeed, it would be the ideal form of that relationship."
>
> (ebenda S. 103).
>
> "Während der ganzen Diskussion wurde angenommen, wo Zuneigung oder Liebe eine Verwandtschaftsbeziehung charakterisiert, ist dies gut genug. Allerdings ist dies die ideale Form dieser Beziehung."

> „Many a child's path to hell has been paved with the best of parental intentions. The sexual abuse of children has been perpetrated in the name of a kind of love."
>
> (ebenda S. 103).
>
> „Viele kindliche Wege in die Hölle wurden geebnet mit den besten elterlichen Absichten. Der sexuelle Missbrauch von Kindern wurde verübt mit Bezug auf eine Art von Liebe".

Es wäre zu klären, woher diese Einstellungen kommen, doch es bedarf einer klaren Trennung zwischen Liebe und einhergehenden pathologischen Vorgängen. Ich bemühe daher andere Gelehrte:

> „Liebe gibt nichts als sich selbst und nimmt nichts als von sich selbst. Liebe besitzt nicht, noch lässt sie sich besitzen; denn die Liebe genügt der Liebe."
>
> (Khalil Gibran 1883-1931, christlich-libanesischer Dichter, Philosoph)

„Liebe muß die Kraft haben, in sich selbst zur Gewißheit zu kommen. Dann wird sie nicht mehr gezogen, sondern zieht."

(Hermann Hesse, 1877-1962 Literaturnobelpreisträger 1946)

„Den Sinn erhält das Leben einzig durch die Liebe. Das heißt: je mehr wir zu lieben und uns hinzugeben fähig sind, desto sinnvoller wird unser Leben"

(Hermann Hesse)

Natürlich wären hier noch viele andere Gelehrte zitierbar und nicht zu vergessen der Ausspruch von Jesus Christus: **Liebe deinen Nächsten wie dich selbst**, das heißt ich muss mich zunächst selber lieben können, um auch meinen Nächsten lieben zu können.

Ich möchte hier darauf abstellen, dass Liebe eine Kraft ist, die Gutes bewirkt, mir selbst und meinen Nächsten. Liebe hat keine Relevanz für etwas Böses, etwas das dem Menschen schadet. Der Literaturnobelpreisträger Hermann Hesse bringt dies auf den Punkt:

„Das Böse entsteht immer da, wo die Liebe nicht ausreicht"

(Hesse 1999 S. 258).

Die Liebe ist dynamisch, nicht rein statischer Natur, das heißt sie unterliegt einem Reifungsprozess. Es gibt dabei mehrere Höhepunkte, wenn Liebe gelebt wird.

Den ersten Höhepunkt haben wir meist wieder vergessen und er tritt zwischen dem 4. und 6. Lebensjahr auf, in dem wir uns in einen Elternteil verlieben, zumeist den gegengeschlechtlichen Elternteil (Peter A. Levine 2011 S. 88-89).

Den zweiten Höhepunkt erreichen wir wenn wir uns in einen anderen Menschen verlieben und lernen dabei, ob die Liebe erwidert wird, wie wir es uns erhoffen. Die erlebte Liebe wirkt hier im Verbund sexueller Orientierung, jedoch ist dies nicht zwingend.

Es können daher weitere und differenzierte Höhepunkte der Liebe folgen, insbesondere auch jene, die göttlichem Gebote folgen, wobei für die Gläubigen die Liebe Gottes gesetzt ist und nicht hinterfragt wird. Die Liebe erwächst aus dem Geschenk Gottes, das Leben und

Tod bedeutet. Die Liebe erhält damit nicht nur einen rein irdischen Bezug sondern ist auch überirdischer Natur. Die Liebe ist dann sogar stärker als der Tod, denn sie besteht über den Tod hinaus und lebt in der Erinnerung fort.

8.2.3. Was braucht Liebe?

Liebe ist etwas Gutes und braucht Reifung. Wo der Reifungsprozess gestört wird, auch durch den Menschen selbst, braucht es eine Korrektur.

Der Volksmund weiß: **Die Liebe macht blind!** Es bedeutet, dem Guten zu frönen verkennt jegliche Gefahr, jegliches Böse. Und dennoch liegt im Menschen das Gute und Böse beieinander. Böse ist das, was mir schadet und ich nicht will, was die soziale Gemeinschaft nicht will und dazu ihre Gesetze festgelegt hat. Als kleines Kind kenne ich noch keine gesetzlichen Normen und Gesetzbücher. Dies lerne ich erst durch die Teilhabe an Bildung, vornehmlich Schule und Berufsausbildung. Erst durch die Verinnerlichung gesellschaftlicher Werte und Normen durch Kennenlernen der Gesetze kann ich in einen weiteren inneren Konflikt geraten und die mir erfahrene Liebe durch meine Eltern und sonstigen Erwachsenen auf eine erneute Probe stellen. Die Liebe selbst bleibt unkritisch, da in sich wirksam, doch die Begleitumstände von Erziehung, lassen die elterliche Sorge in ein anderes Licht rücken. Und hier wendet sich für mich die Analyse bei Archard, denn elterliche Sorge nur als reinen positiven Akt zu sehen ist nur eine Richtung. Elterliche Sorge kann positiv wie negativ sein, kann gut und böse sein. Dies lerne ich zu differenzieren, wenn ich heranwachse. Archard sieht u. a. die Rolle der Eltern als „caretaker", übersetzt mit Pfleger/in oder Umsorger/in, jedoch steht der Begriff auch für Hausmeister, Hauswart:

> *„There is no reason of course to think that the child with rights will thereby cease to love and be loved by her caretakers."*
>
> (ebenda S. 104).
>
> *"Es gibt natürlich keinen Grund zu glauben, dass ein Kind mit Rechten dadurch die Liebe verliert und geliebt wird durch seine Umsorger".*

Archard stellt auf Rollen der Eltern ab und sieht das Risiko des Zerfalls einer Union:

> *„It surrenders the child to the embrace of an 'intimate union' without any assurance of minimum protection should the union fall short of its ideal"*
>
> (ebenda).
>
> *"Es gibt das Kind der Umarmung durch einen ‚engen Verbund' hin ohne jegliche Sicherheit eines minimalen Schutzes falls der Verbund seine Ideale verliert".*

Archard zeigt hier die Risiken des elterlichen Verbundes für das Kind und stellt auf die Eltern ab, deren Liebe zerbrechlich sein kann. Das Kind braucht Schutz, auch wenn der Elternverbund zerfällt. Dies ist auch für mich unstrittig. Da jeder Mensch bereits mit der Zeugung ein Lebensrisiko in sich trägt, bedarf es eines Schutzes außerhalb der biologischen Familie. Dazu braucht es jedoch keines Verfalls von Idealen, zumal das Ideal für das Kind nicht zerfällt, seine Eltern zu lieben, auch wenn sich die Eltern trennen. Das Ideal des Kindes zu seinen Eltern mag zu Irritationen führen, doch die Liebe zu seinen Eltern wird darunter nicht zerbrechen. Der Reifungsprozess der Liebe gestaltet sich dadurch auf anderem Weg.

Die Liebe bleibt das zentrale Momentum jeglicher menschlicher Beziehung und wirkt in sich, ist gut für den Menschen. Davon zu unterscheiden ist, was dem Mitmenschen schadet, was böse ist. Auch dies ist zentrales Momentum in menschlichen Beziehungen. Es unterliegt menschlicher Bewertung und Entwicklung. Da der Mensch nicht zum Alleinsein geboren ist, muss er sich auch seinem Nächsten und der Gemeinschaft gegenüber verantworten. Hier setzt Archard an, in dem er zur Minimierung von Kindesmissbrauch die Einbindung des elterlichen Verbundes so früh wie möglich an die gesellschaftlichen Institutionen einfordert. Er nennt seinen Ansatz „a modest collectivist proposal" (ebenda S. 232 ff.), übersetzt etwa mit „ein maßvolles gemeinschaftliches Angebot". Er lässt es relativ offen, ob seine Gedanken sich auf jede Gesellschaft übertragen lassen und gibt Denkanstöße. Sein Fokus liegt auf den gesetzlichen Rechten der UN-Kinderrechtskonvention und plädiert für die Aufklärung durch Bildung.

8.2.4. Kindgerechte Aufklärung durch öffentliche Bildung

"Children empowered by knowledge and a sense of their own independence, are more capable of resisting their exploitation by adults".

(ebenda S. 244)

"Kinder befähigt durch Bildung und einem Sinn für ihre eigene Unabhängigkeit, sind mehr geeignet sich den Ausbeutungen durch Erwachsene zu widersetzen".

Auch wenn über Rechte zu sprechen nicht die Art ist, wie mit Kindern zu reden ist, bedarf es der Übermittlung in kindgerechter Form. Das gilt aber auch für die Sexualaufklärung und die Aufklärung über den Tod. Das moralische Recht auf Liebe ist tiefgreifender wie jedes gesetzlich verbriefte Recht. Liebe zu lehren bedeutet Gut und Böse im Wirkungsverbund unterscheiden zu können, Gott und Teufel zu benennen, auf kindgerechte Weise.

Es bedarf eines holistischen Ansatzes, die Sicht aus mehreren Perspektiven, u. a.: biologisch, psychologisch, theologisch, philosophisch.

Dazu liefere ich in einem separaten Werk die soziologische Sicht im Sinne eines Rollenkonzeptes und differenziere die Rolle der Liebenden von den Rollen der Experten (Boesen 2016). Jeder erwachsene Mensch vereint alle Rollen in unterschiedlichem Ausmaß zu unterschiedlichen Zeiten. An diese Rollen sind die Kinder heranzuführen kraft Vorbildfunktion der Erwachsenenwelt. Die Liebe ist und bleibt die Basis im Menschsein. Darauf aufbauend entwickeln sich die Expertenrollen, die ich als Kardinalrollen bezeichne. Sämtliche Rollen lebe ich personal und transpersonal. Damit finde ich eine persönliche Standortbestimmung im Konfliktfall und kann versuchen, einen Schicksalsschlag ins Positive zu wenden und in der Krise die Wende zu finden. Es gelingt nicht allein, ich brauche meine Mitmenschen, in der Regel mehrere „Du". Das „Du" bezieht sich sowohl auf die Mitmenschen als auch auf die Natur und seine Phänomene sowie auf Gott, dem entpersonifizierten Du, denn Gott ist als Person weder greifbar noch sichtbar.

8.2.5. Eine Lizenz für Pflege-, Adoptiv- und Scheidungseltern?

David Archard befasst sich eingehend mit dem Thema „Zulassungsverfahren für Eltern" (ebenda S. 206 ff.). Es ist die Sicht der Erwachsenenwelt.

Der Vorschlag, jegliche Eltern für ihre Elternschaft zu lizenzieren klingt absurd. Archard nennt jedoch drei Gründe, diesem Anliegen ernsthafte Beachtung zu schenken und steht mit dieser Meinung nicht allein (ebenda S. 208, hier übersetzt vom Autor):

1. Die Gesellschaft lizensiert eine Menge von Aktivitäten, die möglicherweise schädlich sind für die Gemeinschaft. Die Herstellung und Herausgabe von Arzneimitteln sind hier beispielhaft genannt. Kindererziehung setzt Kinder Gefahren aus, die vermieden werden können durch Einübung nachweisbarer Fertigkeiten.
2. Die Gesellschaft lizensiert bereits einige Eltern. Jugendbehörden müssen überzeugt sein, ob künftige Pflege- und Adoptiveltern passen. Hierzu gibt es strenge Richtlinien zur Beurteilung. Dieses Vorgehen ist unfair gegenüber anderen Eltern. Alle Eltern sollten auf Tauglichkeit geprüft werden.
3. Menschen bräuchten keine staatliche Erlaubnis Kinder zu erziehen. Sie haben ein Recht dazu. Darüber hinaus wird ein Recht auf uneheliche Lebensgemeinschaft oder sexuelle Beziehungen zu haben nicht abgelehnt oder gar ein Kind zu gebären. Uneinigkeit besteht über das Recht jemandes eigene Kinder großzuziehen. Lizensierung von Eltern kann nicht als offensichtlich falsch abgewiesen werden und es gibt einige Gründe, dass es gerechtfertigt sein könnte.

Gründe zur Rechtfertigung einer Lizenzierung für Pflege- und Adoptiveltern benennt David Archard aus Sicht des Kindes (ebenda S. 214/215):

> „... arising from the fact that they have been rejected or abused by their natural parents. Adopted and fostered children differ from others in that they may be much harder to rear. These differences may thus provide some, even if not the whole, reason for exercising particular care in selecting their future guardians".

> *"... entstanden aus der Tatsache, dass sie abgelehnt oder missbraucht wurden durch ihre leiblichen Eltern. Adoptiv- und Pflegekinder unterscheiden sich von anderen darin, dass sie schwerer zu erziehen sind. Diese Unterschiede, wenn auch nicht alle, mögen Gründe sein zur Ausübung besonderer Sorgfalt bei der Auswahl künftiger Erziehungsberechtigter".*

Archard benennt einige Aspekte, die er für wesentlich hält und dennoch im Einzelfall unwesentlich sein können, wie im Falle meiner Geschwister und mir. Ich möchte die Gründe für meine Geschwister und mir im **Zeitgeist** sehen, das heißt die Behörden achteten insbesondere auf alleinerziehende Eltern und übergaben die Kinder in staatliche Fürsorge, wenn die Kinder verwahrlost erschienen beispielsweise aufgrund wechselnder Männerbekanntschaften der Mutter. Dem damaligen Zeitgeist entsprach es auch, dass viele Kinder sowohl durch ihre eigenen Eltern als auch in staatlichen Einrichtungen einer besonderen Züchtigung unterlagen. Auch durften sich Religionsgemeinschaften als Träger von öffentlichen Einrichtungen betätigen und ihre religiösen Erziehungsmaßstäbe auf die Kinder anwenden, wie die Benediktinerregel „Bete und Arbeite" oder der Satz „Reden ist Silber, Schweigen ist Gold".

Neben dem Zeitgeist wirken natürlich die **Gesetze eines Landes.** Noch bis ins Jahr 1968 hinein war es in der Bundesrepublik Deutschland strittig, ob für ein Kind auch das Grundgesetz gleichermaßen gilt wie für einen Erwachsenen.

> *„Die wirkliche Neuerung damals war ...die Feststellung des Bundesverfassungsgerichts,,dass das Kind ein Grundrechtsträger ist, der eine eigene Menschenwürde und ein eigenes Recht auf Entfaltung seiner Persönlichkeit im Sinne von Art. 1, Abs. 1 und Art. 2, Abs. 1 des Grundgesetzes hat'"*
>
> (Müller-Münch S. 265).

Für mich sind die Gesetze und deren Auslegungen von grundlegender Bedeutung für die Erziehung von Kindern und darüber müssten alle Eltern aufgeklärt werden. Auch wenn es für viele Mitmenschen heute selbstverständlich zu sein scheint, dass die Züchtigung von Kindern verboten ist und dies auch im Bürgerlichen Gesetzbuch in

§1631 benannt ist, so wird immer noch von Schlägen Gebrauch gemacht. In den diversen Religionen, insbesondere auch der christlichen Religion, herrscht zuweilen noch der Zeitgeist aus den letzten Jahrhunderten mit der Berufung auf die Religionsfreiheit. Es wäre nötig, im öffentlichen Raum diese Missverständnisse aufzuklären, denn die Menschenwürde als Grundrecht ist stärker als ein religiöses Züchtigungsgebot. Die Aufklärungsarbeit kann im Schulsystem analog der Sexualaufklärung verbindlich geleistet werden, das heißt jeder ist zur Kenntnisnahme durch Leistungsnachweis verpflichtet analog zur Führerscheinprüfung.

Während ich bisher den Fokus auf die Sicht der Erwachsenenwelt gelegt habe und damit auch meine eigene heutige Sicht als Erwachsener kundgetan habe bin ich auch noch einmal in meine Sichtwelt als ehemaliges Heim- und Pflegekind und auch Scheidungskind eingetaucht. Die Scheidung meiner Eltern passierte früh in meinem Leben und habe sie daher nicht geistig nachvollziehen können. Damals als Heimkind wäre mir jede Familie recht gewesen, Hauptsache ich wäre irgendwie aus diesem Kinderheim, dass mir und meinen Geschwistern nur als Kindergefängnis agiert hatte, herausgekommen. Ich erlebte dort die Erwachsenenwelt zwiespältig, widersprüchlich, gewalttätig, mit einer Lizenz zum Töten. Ich hätte mir nichts schlimmeres mehr vorstellen können und war schließlich froh, aus diesem „Käfig" herausgekommen zu sein. Ich lernte bei Pflegeeltern, dass Eltern in der Kindererziehung ihre „Narrenfreiheit" haben. Meine Pflegeeltern erhielten für mich eine sogenannte Bestallungsurkunde, das heißt sie waren meine Erziehungsberechtigten. Ich erfuhr, dass ein Kind in der Verwandtschaft meiner Pflegeeltern adoptiert worden war, was als Geheimnis gehütet wurde. Ich lernte später in den weiterführenden Schulen als Heranwachsender, dass die „Narrenfreiheit" der Eltern ihre Grenzen in den Gesetzen hat. Als Kind interessierten mich keine schriftlichen Gesetze, da sie mir sprachlich nicht verständlich waren. Ich war auf das Wohlwollen und die Liebe von Ersatzeltern angewiesen. Sie halfen mir, meine seelischen Verletzungen der Kinderheimerziehung abzumildern. Eine Heilung können sie nicht leisten. Diese kann nur im Verbund mit der Fachwelt erfolgen.

Archard widmet sein Buch auch der Vorbeugung kindlichen Missbrauchs in der elterlichen Erziehung und alle Erfahrungen zeigen, dass Missbrauch von Kindern lange Tradition hat und es damit dem Zeitgeist entsprach. Es geht Archard auch nicht darum, dass jeglicher Kindesmissbrauch vermeidbar wäre und er sieht kulturelle Eigenheiten und Differenzierungen wie bei dem Verständnis über Kinderarbeit. Wenn demnach Kindesmissbrauch nicht gänzlich vermeidbar ist, dann wäre zumindest auch eine angemessene Aufklärung sämtlicher künftiger Eltern und damit jedes Heranwachsenden nötig. Hinzu kommt, dass unser Staat auch einige Gesetze geschaffen hat, die Kindesmissbrauch vermeiden sollen. **Es nutzt jedoch nichts, nur Gesetze zu haben**, sondern die Kenntnisse **müssen auch alters- und zeitgerecht vermittelt werden**. Eine Lizenz für eine bereits bestehende Elternschaft kommt dann zu spät. Eine Grundaufklärung zu den Gesetzen müsste, wie bereits benannt, im Schulsystem erfolgen. Eine Erinnerung daran an beide Elternteile kann bei der Schwangerschaft erfolgen im Rahmen der medizinischen Vor- und Nachsorgeuntersuchungen, wobei ein Hinweis auf das Bürgerliche Gesetzbuch §1631 genügen sollte einschließlich eines Angebotes auf psychologische Hilfe, wenn die Eltern sich bekennen, dem erzieherischen Anspruch ohne Gewalt auszukommen, nicht Folge leisten können. Die Aufklärungsinformation könnte beispielsweise auch im Mutterpass dokumentiert werden. Ein kurzes Gespräch und die Kenntnisnahme durch Unterschrift verhilft zu einer Wahrnehmung der Problematik kindlicher Aufzucht und bleibt besser im eigenen Gedächtnis haften.

9. Entfremdung und Heimkehr: Die Zeit heilt alle Wunden?

Kinder, die in den Konflikt der Entfremdung geraten, durchleben turbulente Zeiten. Es muss nicht nur zu deren Schaden sein. Vornehmlich betroffen sind Heim- und Pflegekinder, weniger die Adoptivkinder, da diese recht schnell fühlen, wo sie zuhause sind, nämlich bei ihren Adoptiveltern. Dort, wo sie die Nestwärme erfahren haben und über viele Jahre in liebevoller Geborgenheit aufwuchsen. Sie durchleben ähnliche oder gleiche Probleme wie leibliche Kinder und erhalten einen „kleinen Schreck", wenn sie erfahren, wessen Kind sie sind. Von „Schock" kann meines Erachtens nicht gesprochen werden. Einen und mehrere Schocks (Gefühlsschocks) erleben Heim- und Pflegekinder, wenn sie vielfach hin- und hergerissen werden zwischen Heim-, Pflegestation, Pflegeeltern und leiblichen Eltern. Die Erziehung erfolgt nicht konsequent in familiärer Geborgenheit und erzeugt bei den Kindern zahlreiche Verwirrungen, die verarbeitet werden müssen. Das Risiko der Trennung von den leiblichen Eltern haben auch jene Kinder, deren Eltern sich scheiden lassen und deren Eltern sich nicht darüber verständigen können, wer die Erziehung ausübt. Das Scheidungskind durchlebt etliche Irritationen und ist früh gefordert, seinen eigenen Weg finden zu müssen. Die Irritationen brechen im weiteren Leben in diversen psychischen Übertragungen immer wieder durch, das heißt im eigenen Umfeld werden Handlungsabläufe durch die Kindheitsprägungen beeinflusst. Beispielsweise lernte ich als Heimkind, dass ein Erzieher mich beim Rufen zum umgehenden Erscheinen gedrillt hatte und ich als erstes für irgendein Verhalten eine Tracht Prügel bekam, zumeist zwei bis vier Ohrfeigen. Das Antreten bei einem Erzieher war also mit Züchtigung verbunden. Im Erwachsenenleben erwischte mich dies im übertragenen Sinn beim Antreten zu meinen Vorgesetzten. Immer dann, wenn ich von meinem Chef gerufen wurde, erhöhte sich schlagartig mein Adrenalinspiegel und ich befürchtete Sanktionen, natürlich keine Prügel mehr, jedoch Schuldzuweisungen für Fehlverhalten und mögliche Bonuskürzungen. Auch als ich dieses Phänomen geistig verstanden hatte konnte ich an der Steigerung meines Adrenalinspiegels nichts tun und überlegte Ausweichstrategien mit Distanzhaltung. So war ich sehr froh, nach einigen Berufsjahren mein eigenes Büro zu haben und mein Chef in einem anderen Bürogebäude residierte. Wenn der Chef mich rief, hatte ich genug Zeit mit einem Gang durch die frische Luft, meinen Adrenalinpegel herunterzufahren.

Die erforderlichen Hilfen sind staatlicherseits unzureichend, nach wie vor fehlen Kinderrechte im Grundgesetz der Bundesrepublik Deutschland. Die Behörden erwarten oder setzen voraus, dass die Kinder von selbst zur Erkenntnis gelangen, was die Gemeinschaft von ihnen verlangt. Liebe ist für Behördenmenschen ein Fremdwort und für Kinder das wichtigste für ihre Entwicklung und zur Gestaltung ihres Lebens. Dazu sind Vorbilder nötig und keine Bürokraten, keine Mauern, hinter denen Kinder für die Öffentlichkeit verschwinden. Statt des Begriffs Liebe wird der Begriff Kindeswohl zum besten gegeben, der dem Kind keinen direkten Selbstschutz ermöglicht, sondern dem Elternrecht den Vorrang gibt. Wenn Eltern verstorben sind, genießt der Vormund das Elternrecht und keine Verwandtschaft, weder Großeltern, noch Tanten und Onkeln. Unser Staat bemächtigt sich zur Ausübung des Elternrechts und nicht der Familienclan.

Nun werden dennoch die Kinder irgendwann erwachsen und versuchen wie andere, ihr Leben zu meistern. Je weniger Liebe die Kinder erfahren haben, umso schwieriger ist dies. Wieviel Liebe braucht wohl der Mensch?

Darüber möchte ich mit Ihnen, liebe Leserinnen und Leser nicht streiten. Tatsache ist, der Mensch braucht Liebe, als Erwachsener vielleicht weniger wie als Kind, sofern er als Kind genug bekommen hatte. Ich denke für meinen Teil hat es mir gereicht und bin mir dessen stets bewusst. Vielleicht hat dieses Buch dazu beigetragen, die Bedeutung der Liebe und Zuwendung deutlich bewusst zu machen, um den Kindern in unserer Gesellschaft zu etwas mehr Achtung zu verhelfen und es als selbstverständliches Recht jedes Kindes anzusehen, in familiärer Geborgenheit auf-wachsen zu können. Kinder sind immer eine große Herausforderung und problemlose Kinder gibt es nicht.

Ich hatte eine erfolgreiche Berufslaufbahn eingeschlagen und abschließen können und bin daher nicht mehr so weit weg von den hier beschriebenen Themenstellungen, beruflich hatte ich nichts damit zu tun. Privat beschäftigt mich weiter diese Thematik, zumal ich inzwischen auch eigene Kinder habe, die jedoch nun alle erwachsen sind und ihr eigenes Leben gestalten. Ich habe mich nach der Beendigung der Arbeit der Bundestagskommission RTH entschlossen, aus meinem Schicksalsschlag das Negative ins Positive zu wenden und lernte Fachleute jenseits der Schulmedizin kennen und schätzen.

Die Zeit vergeht und viele Probleme, die vor Jahren noch groß waren, sind nun sehr klein geworden oder nicht mehr vorhanden. Meine kindlichen Wunden dürften verheilt sein. Dies gelingt jedoch nur wenigen. Ich denke, ich habe heute nicht mehr und nicht weniger Probleme wie jeder andere Mitmensch auch und kann dabei auch sehr gut einschlafen.

Meine familiäre Herkunft ist geklärt, wenn auch noch nicht vollends, so doch soweit, dass ich mit der jetzigen Situation zufrieden bin. Meine Mutter führte ihr Leben, ich führe mein Leben. Zu ihr nach Hause konnte ich nicht mehr, ich habe mein eigenes Zuhause geschaffen. Zu mir nach Hause konnte sie nicht, sie hätte meine „geordnete Welt" nicht akzeptiert und zwangsläufig durcheinandergebracht, denn nach wie vor bin ich ihr Kind. „Kinder lässt man gewähren", sagte sie mir einmal. Sie schaute auf das, was ich mir inzwischen erarbeitet hatte und war nicht bereit, die Anpassungsleistung zu erbringen, die erforderlich gewesen wäre, um gemeinschaftlich zu wirken. Jeder lebt sein Leben. Natürlich sollte man niemals nie sagen. Es braucht alles seine Zeit und schließlich kostet das Leben heute auch einiges. Meine Mutter verstarb im Jahre 2004 ohne dass ich darüber durch die Behörde und das Frauenhaus, in dem meine Mutter zuletzt untergebracht war, informiert wurde. Meine familiäre Situation mit fünf eigenen Kindern und eine starke berufliche Beanspruchung ließen mir einige Jahre keine Zeit, den Kontakt zu halten. In 2008 beschäftigte mich aufgrund der Bundestagskommission

RTH meine Heimkindvergangenheit und wollte dort meine Mutter nicht hineinziehen. Ich hatte ja alles mit ihr klären können. Anfang 2011 nahm ich Kontakt zur Herkunftsfamilie meiner Mutter auf und lernte ihre ältere Schwester mit ihren Kindern kennen. Eines der Kinder interessierte sich für den Verbleib meiner Mutter, da sie als sehr gute Tante in Erinnerung blieb. Die Nachforschungen ergaben dann, dass sie bereits 2004 verstorben war. Die Nachricht berührte mich nicht mehr gravierend, denn ich hatte ja bereits im achten Lebensjahr meine Trauer leben müssen und dies auch tun können. Ich war lediglich verwundert, dass das Frauenhaus mich nicht informierte, obwohl ich mit einer Sozialarbeiterin so verblieben war, dass sie mich informieren wird, wenn etwas Gravierendes passiert. Offensichtlich war die Sozialarbeiterin nicht mehr dort tätig und die Nachfolgerin wurde nicht informiert. Ich konnte niemandem mehr böse sein, ich hatte bereits meinen inneren Frieden. Ich durchlebte bereits die Trauerphase als Kind und lebe nun die Erinnerungen an meine Mutter im transpersonalen Raum weiter.

Während es als Erwachsener nicht mehr nötig ist, seine Eltern bei sich wohnen zu haben, denn schließlich ist man ja erwachsen und kann sein eigenes Leben leben, so hat mir die Kontaktaufnahme zu meiner Mutter meine Gefühlswelt wieder geordnet. Es ist meine Mutter, ich erkannte ihre Stimme, ihre Gestik und Mimik. Ich erhielt einige rechtfertigenden Äußerungen zur Trennung von ihr und lernte einen Teil ihrer und somit meiner Herkunftsfamilie kennen. Insofern bin ich heimgekehrt. Doch es ist eine Heimkehr auf Distanz, eine befremdende Heimkehr. Mein Bruder Günter ging den Weg mit mir, die übrigen Geschwister können und wollen es nicht. Die Entfremdung wirkte zu stark und jeder hält an seiner „heilen Welt" fest. Ich kann dies verstehen. Nun ist die Mutter seit vielen Jahren verstorben und die frühen positiven Kindheitsprägungen können nur noch transpersonal gelebt werden. Eine Heimkehr bedeutet hier die Heimkehr in Liebe zur Schöpfung, im Gedenken an meine Vorfahren und dem Weitergeben an meine Nachkommen.

Kinder sind dort zuhause, wo sie geliebt werden, wo sie sich geborgen fühlen. Dies gilt auch für Erwachsene. Insofern bin ich zuhause, bei meiner eigenen Liebe und der Liebe der Nächsten. Der Liebe war ich entfremdet, da ich sie nicht als eigene sah und noch die Liebe der Eltern brauchte. Nun sind meine Fragen geklärt, meine Gefühlswelt geordnet, meine Seele hält die Balance. Die Liebe genügt als Basis, als Fundament und darauf aufbauend entwickelt sich mein Expertendasein und schließlich meine Persönlichkeit, was eine lebenslange Herausforderung und ein stetiger Reifungsprozess ist.

Abschießend fasse ich ergänzend zu meiner Erstauflage in 1992 nun einige Erfolgsaspekte zusammen und habe mich damit von dem Begriff „Konflikte" gelöst, den ich damals im Untertitel verwendet hatte. Heim-, Pflege-, Adoptiv- und Scheidungskinder mögen stigmatisiert sein und eine Minderheit in der Gesellschaft darstellen, doch dies sagt nichts darüber aus, ob ich dennoch mein Leben erfolgreich gemeistert bekomme. Das Schicksal hat mich früher getroffen wie die meisten anderen Mitmenschen, doch irgendwann trifft jeder sein Schicksal. Dann ist es wichtig, genügend Helfer/innen zu haben, die mir mit Mitgefühl begegnen und damit Kraft für meinen eigenen inneren Antrieb geben. Wenn mein letzter Schicksalsschlag droht, der Tod, dann bin ich zwar erlöst und alle irdischen Sorgen los, doch meine Hinterbliebenen müssen mit dem Verlust zurechtkommen. Hier vermag nur die Liebe der weitere, ständige Begleiter unseres Daseins sein und der Glaube daran. Erfolgreich sein heißt dann auch mit dem Tod zurecht zu kommen und ihn als Begleiter zum Jenseits zu akzeptieren, denn Gott fragt nicht nach dem Warum und wir sollten ihm daher diese Frage auch nicht stellen. Wir erfahren die Antwort erst im Jenseits. Ich konzentriere mich im folgenden Kapitel auf die Erfolgsaspekte des Diesseits.

10. Erfolgreich leben trotz Schicksalsschlag als Heim-, Pflege-, Adoptiv- und Scheidungskind

Was ist Erfolg im Leben?

Wir tragen bereits mit der Zeugung im Mutterleib das Lebensrisiko in uns und sind zunächst abhängig von dem Erfolg unserer Mutter im Verbund des Partners und Familienclans, ja sogar der sozialen Gemeinschaften, zu denen wir gehören.

Die Geburt gilt als Wunder der Natur, für die Gläubigen als das Werk Gottes. Gott herrscht über Leben und Tod und dennoch können wir einen frühen Tod nicht akzeptieren. Im Glauben an das Werk Gottes übergeben wir die Klärung der Schicksalsfrage an Gott und die Antwort bleibt offen, ist mit menschlichem Denkvermögen für die meisten nicht nachvollziehbar. Trifft mich der Tod meiner Eltern im frühen Lebensalter, etwa bis zum dritten Lebensjahr, kann ich den Verlust geistig kaum nachvollziehen, jedoch emotional. Meine Gefühlswelt wurde bereits im Mutterleib nachhaltig geprägt und bedarf weiteren Einfühlens nach der Geburt. Erfolg zu haben bedeutet dann, den Mutterersatz zu bekommen, der natürlich nicht identisch sein kann wie die eigene Mutter. Kennzeichnend ist, dass mein Erfolg von einem Mitmenschen abhängig ist, nicht nur von einem, von vielen, doch ein Mitmensch ist mir die Hauptperson.

Der Erfolg hängt jedoch nicht nur am Mitmensch, sondern auch an mir selbst, denn ich muss mich einpassen können. Während die leiblichen Eltern meine natürlichen Autoritäten sind und ich ihnen in jungen Jahren naturgegeben nacheifere, ist dies nicht zwingend bei zunächst mir fremden Mitmenschen. Da Nachahmung in jungen Jahren naturgegeben funktioniert, bedarf es guter Vorbilder. Mein Leben verläuft dann in anderen Bahnen, die dann zusätzliche Kraft kostet, weil natürliche Autoritäten fehlen, die ersetzt werden müssen.

→ Erfolg ist Minimierung des Lebensrisikos, sobald es mir möglich ist. Davor ist mein Erfolg zum Leben der Erfolg der anderen, primär meiner Eltern.

Die Basis des Erfolgs ist Elternliebe, primär die Mutterliebe. Es sind die natürlichen Autoritäten. Entfällt eine natürliche Autorität bedeutet dies zusätzliche Kraftanstrengungen von meinen Mitmenschen und mir selbst. Ich verlasse den naturgegebenen Pfad der Aufzucht bei meinen Eltern und brauche einen neuen Lebenspfad, Lebensweg. Dies wird dann besonders anstrengend, wenn ich den Verlust geistig nachvollziehen kann, etwa ab dem dritten Lebensjahr und wird existenziell, wenn ich die natürliche Verliebtheitsphase etwa zwischen dem vierten und sechsten Lebensjahr hinter mir habe. Es ist deshalb existenziell, weil ich in diesem jungen Lebensalter meinen natürlichen Autoritäten nachfolgen möchte, unabhängig davon, ob sie nun lebendig oder tot sind. Zumeist sind wir in diesem jungen Lebensabschnitt jedoch noch nicht in der Lage zur Selbsttötung und können auf die soziale Gemeinschaft vertrauen. Das Vertrauen wird zumeist enttäuscht, denn die natürlichen Autoritäten sind nicht ersetzbar. Mein Vertrauen wird gar zum Misstrauen, wenn mir Privatsphäre und elterliche Autonomie vorenthalten werden. Die Aufnahme in ein Kinderheim, früher auch Waisenhaus genannt, ist für mich die menschliche Katastrophe und eine Kapitulation der Erwachsenenwelt vor der Kinderwelt. Die Anstrengung der Erwachsenenwelt, der politischen Erwachsenenwelt, verkennt die Notwendigkeit, in jungen Kinderjahren zumindest eine dauerhafte Bezugsperson zur Verfügung zu stellen, was die psychologische Fachwelt schon lange benannt hat. Die Bemühungen der politischen Erwachsenenwelt (Gesetzgeber, Jugendämter, Familiengerichte) zeigen die Ohnmacht vor den elternlosen Kindern und übergeben sie ihrem Schicksal mit bürokratischer Selbstverständlichkeit. Ein Kinderheim kann keine Familie sein. Wer mir in jungen Kinderjahren die Familie vorenthält, begeht versuchten Totschlag an der Kinderseele. Das Kind ist erstmal am Boden zerstört und die Sehnsucht greift nach dem Elternideal.

→ Erfolg ist meinen Lebensweg in kleinen Schritten zu gehen, um weitere Schicksalsschläge zu vermeiden.

Am Boden zerstört zu sein, bedeutet dort auch anfangen und wieder aufstehen zu müssen. Mein Lebenswille ist intakt. Wie geht es voran?

Jeder Schritt nach vorne, den Gedanken an die Zukunft, eine bessere Zukunft, wird mir zum kleinen täglichen Erfolg. Es kann nicht mehr schlimmer kommen, denke ich. Ich lerne zu akzeptieren, auch wenn mich Erzieher/innen als faules Subjekt beschimpfen. Jeder Tag, wo dies nicht passiert, ist für mich Erfolg. Ich erdulde die Schläge ins Gesicht bei schlechten Schulnoten. Gute Schulnoten bedeuten Erfolg. Ich passe mich an und verdanke es meiner seelischen und geistigen Kraft, der Liebe in mir, genährt durch die Mutterliebe. Dann plötzlich die Erlösung. Im vierzehnten Lebensjahr konnte ich das Kinderheim verlassen und dank meiner guten Führung erhielt ich das Angebot, in eine Pflegefamilie aufgenommen zu werden. Ein Erziehungsheim für schwer erziehbare Jugendliche blieb mir erspart. Ich hatte Erfolg oder sogar Glück?

→ Erfolg ist Arbeiten an sich selbst aufgrund Eigenverantwortung und das Glück gehört dem Tüchtigen.

Mit Erfolg verbinden die Menschen zumeist den eigenen Erfolg, das heißt nur den durch sie selbst bewirkten Erfolg. Dies liegt in der egoistischen Natur des Menschen und seinem Lebenswillen. Wir freuen uns an dem Erfolg des Mitmenschen, oft neiden wir ihn, was uns Ansporn gibt, zu gleichem oder ähnlichem Erfolg zu kommen. Doch Glück zu haben, bedeutet für viele, nichts persönlich zum Erfolg beigetragen zu haben und den Erfolg durch äußere Umstände zu erreichen, die wir selbst nicht beeinflussen. Glück ist ein Gefühl, schafft Freude und die währt oft nicht lange.

> „Der Mensch ist voll Verlangen nach Glück und erträgt doch das Glück nicht lange Zeit"
>
> (Hesse 1999 S. 254)

Mein Glück, das Kinderheim verlassen zu haben und mit meinem jüngeren Bruder in eine Pflegefamilie zu kommen dauerte keine sechs Monate. Nicht nur der nochmalige Wechsel zu einer anderen Pflegefamilie sondern auch der Verlust meines jüngeren Bruders traf mich schwer. Die neue Pflegefamilie wollte von meiner Familiensituation nichts wissen, wusste jedoch von dem Umstand meines jüngeren Bruders. Nun wurde ich vom Jugendamt nicht informiert, in welche neue Pflegefamilie mein Bruder kam und auch mein Bruder erhielt keine Information. Ich musste erneut in den „sauren Apfel beißen" und ertrug meine weiteren Schicksalsschläge. Die neue Pflegefamilie erwies sich als traumatisiert, denn sie verlor zwei junge Kinder durch einen Badeunfall. Ich sollte nun Ersatz spielen. Normalerweise auch seitens des Jugendamtes keine taugliche Adresse zur Aufnahme eines Pflegekindes. Doch es erwies sich für mich als Glücksfall, so makaber es klingen mag. Dadurch dass ich durch das Kinderheim traumatisiert war und ich nun auf traumatisierte Eltern traf, saßen wir im selben Boot und waren eine Schicksalsgemeinschaft. Es ging mir gut dabei zu sehen, wie eine traumatisierte Familie ihre Trauer lebte. Ich lernte eine andere Art von Schicksalsschlag kennen, die Wirkung war für mich vergleichbar und es bedurfte langandauernder Heilungsschritte. Nachdem ich nach ca. sechs Jahren die Pflegefamilie verlies, trennten sich plötzlich die Pflegeeltern. Später erfuhr ich im Eigenstudium, dass es oft eine enorme Belastungssituation für die Eltern ist, wenn Kinder versterben und viele Ehen dies nicht verkraften und zerbrechen.

→ Erfolg ist Beziehungsarbeit zum beiderseitigen Nutzen.

Erfolg macht demnach auch der Vergleichsmaßstab aus. Geht es meinen Mitmenschen genauso gut oder gar schlechter? Kann ich helfen und mein Mitgefühl ausdrücken? Habe ich eine gemeinsame Plattform? Erkenne ich mich selbst, meinen Egoismus, den viele Mitmenschen als „gesunden" Egoismus bezeichnen?

→ Erfolg ist Liebe zu mir selbst und dem Nächsten.

Ohne Eigenliebe und der Liebe zum Nächsten ist ein Erfolg nicht möglich. Die Liebe ist die Basis zum Erfolg. Was liebe ich an mir und was liebe ich am Nächsten? Worüber bin ich dankbar? Was muss ich wem mitteilen? Versteht mein Gegenüber meine Geschichte? Was zeichnet mein Dasein als Erwachsener aus?

Diese zentralen Fragen muss ich im Laufe meines Lebens klären, so früh wie möglich.

Liebe ist individuell, das heißt über meine Eigenliebe muss ich mir selbst klar werden. Meine Eigenliebe betrifft Körper, Geist und Seele. Meinen gesunden Egoismus erfahre ich im Umgang mit meinen Mitmenschen. Was gebe ich preis, was behalte ich für mich? Wem vertraue ich was an? Hilfreich sind dabei schriftliche Notizen, ein Tagebuch, dass auch im wöchentlichen oder monatlichen Rhythmus geführt werden kann. Damit ist mir eine bessere Erfolgskontrolle möglich.

→ Erfolg heißt Leben in Parallelwelten von Wahrheit und Lüge.

Ich meide alles, was zum Misserfolg beiträgt. Dazu gehört die Preisgabe meines Schicksalsschlages an Mitmenschen, die es nicht nachempfinden können.

„Kein Mensch kann beim andern sehen und verstehen, was er nicht selbst erlebt hat"

(Hesse 1999 S. 124).

„Kein Mensch fühlt im andern eine Schwingung mit, ohne dass er sie selbst in sich hat"

(Hesse 1999 S. 71).

Ich brauche also Mitmenschen, die mein Schicksal verstehen und nachempfinden können. Dies gelingt den wenigsten Fachleuten und leider offenbaren sie sich selten, da sie dies zumeist in ihrem Studium so vermittelt bekamen. Aber auch ohne Vermittlung hat ein Gebildeter seine Prinzipien:

„Der Gebildete kennt und hat Prinzipien. Er achtet eine Menge von Dingen, die ihn im Grund wenig anziehen, und verzichtet auf andere, nach denen es ihn hinzöge, wenn eben die Bildung nicht Hemmungen geschaffen hätte" (ebenda S. 123).

Für ein Heim- und Pflegekind ist es natürlich eine Herausforderung, das Schicksal in manchen Situationen nicht mitzuteilen und es gelingt zuweilen nur durch die Vorenthaltung dieser Wahrheit, was manch ein Gebildeter auch mit Lüge bezeichnet. Mir war früh bewusst, dass ich mit meinem Schicksal als Heimkind keinen „Blumentopf gewinnen kann", denn ich gehörte einer gesellschaftlichen Minderheit an, da nur ca. 5-6 % eines Geburtenjahrgangs dieses Schicksal erleiden. Ich musste natürlich aufpassen, mich bei meiner ausgedachten Geschichte nicht zu versprechen. Typisches Beispiel ist für mich die Bewerbungssituation bei einem potentiellen Arbeitgeber. Nach Abschluss meines Studiums konnte ich die Frage nach meinen Eltern beruhigt damit beantworten, dass sie seit einigen Jahren verstorben sind, denn der Abschluss meines Studiums sprach dafür, dass ich das Schicksal frühen Elternverlustes überwunden hatte. Bei der Frage, ob ich Geschwister habe, wunderte ich mich zwar, doch später wurde mir klar warum diese Frage gestellt wurde. Oft wird aufgrund der Geschwisterkonstellation auf künftiges Führungsverhalten abgestellt, da jüngere Geschwister dazu neigen geführt zu werden und ältere Geschwister dazu neigen, führen zu wollen. Als sich meine Kommilitonen wunderten, dass ich in einem Großkonzern angenommen wurde, war mir klar, dass mein „schauspielerisches Talent" Wirkung zeigte bzw. mein gesunder Egoismus. Hätte ich bei der Frage nach meinen Eltern auf mein Kinderheimschicksal hingewiesen, wäre das Bewerbungsgespräch schnell und freundlich beendet worden. Dies muss dann nicht der Fall sein, wenn sich ein Jugendlicher für eine Berufsausbildung entscheidet. Mein jüngerer Bruder ging diesen Weg und hat mithilfe des Jugendamtes einen Ausbildungsplatz vermittelt bekommen. Es kommt somit immer auch auf die Lebenssituation an und ob ich noch in der Phase des Jugendlichen und Heranwachsenden bin oder bereits in der Phase des Erwachsenenlebens.

→ Erfolg ist sich zu erkennen im Ich & Du.

Auch nachdem ich den Arbeitsplatz gesichert hatte, achtete ich im Unternehmen darauf, mein Schicksal niemandem mitzuteilen. Es interessiert in der Leistungsgesellschaft nicht, Schwächen zu offenbaren, denn nur das was ich zu leisten vermag im Sinne des Unternehmens ist von Interesse. Auch wenn mich meine Führungskraft im Beurteilungsgespräch nach meinen Schwächen fragt teile ich höflich aber bestimmt mit, dass ich natürlich meine Schwächen kenne, da jeder Mensch sie hat, diese jedoch keine Relevanz für meine

Leistungsbereitschaft haben und ich gerne die Rückmeldung dazu von meiner Führungskraft erhoffe. Eine Rückmeldung lautete denn in dem Satz:

> **„Bescheidenheit ist eine Zier, doch weiter kommt man ohne ihr"**

Ja, die damalige Führungskraft hatte meinen wunden Punkt getroffen. Ich erkannte mein Schicksal, das mich hat bescheiden werden lassen. Und mir fiel eine der Kardinaltugenden ein, die „Mäßigung, Bescheidenheit" lautet. Meine Schlussfolgerung war, wenn hier im Unternehmen keine bescheidenen Menschen gebraucht werden, dann suche ich mir eine neue Herausforderung. Ich musste auch diese meine Schlussfolgerung für mich behalten und lies die Führungskraft im Glauben, an meiner Bescheidenheit etwas verändern zu wollen und dankte für die Kritik. Ich konzentrierte mich darauf, mein Fachwissen zu erweitern und zu komplettieren, da es genügend Unternehmen gibt, die Fachwissen mehr zu schätzen wissen und mit meiner Persönlichkeit zurechtkommen. Es ist die erlebte Berufswelt und die damit einhergehenden Erfahrungen, die meine Persönlichkeit weiter entwickeln. Ich verstand und verstehe noch heute Persönlichkeitsentwicklung als lebenslangen Prozess im Miteinander von Ich und Du. An sich selbst zu arbeiten und ein Beziehungsnetzwerk zu haben, ist existenziell für mein Leben und meinen persönlichen Erfolg.

→ Erfolg ist personaler und transpersonaler Reifungsprozess von Liebe und Sachverstand.

Die Liebe allein reicht im Erwachsenenleben nicht mehr, dennoch bleibt sie die Basis menschlicher Existenz. Ich lernte daher zu differenzieren in die Rollen der Liebenden und die Rollen der Experten. Zur Rolle der Liebenden gehören alle jene Rollen, die durch meine Blutsverwandtschaft bestimmt sind, zunächst die eigenen Eltern und deren Vorfahren, meine Geschwister sofern vorhanden, meine Nachkommen, wenn der Fortpflanzung genügt wurde. Die Rolle der Liebenden bedeutet nicht die Eintracht unter den Liebenden, da ja im Menschsein Gut und Böse zusammen wirken. Doch das Band zur elterlichen Liebe ist durch unser Leben, das Geschenk Gottes, gesetzt und dazu bedarf es der Kommunikation und entsprechender Aktivität. Der Volksmund weiß:

Die Liebe macht blind!

Das heißt Gefahren werden nicht erkannt. Und aus der Liebe kann auch Leid entstehen, wenn an sie geklammert wird, sie keine Freiheit lässt:

> *„Wir müssen unsere Liebe so frei wie möglich halten, um sie zu jeder Stunde verschenken zu können. Die Objekte, an die wir sie hingeben, überschätzen wir immer, und daraus fließt viel Leid"*
>
> (Hesse S. 263)

Liebe unterliegt einem Reifungsprozess, wobei für mich dabei zu differenzieren ist in die personale und transpersonale (spirituelle) Ebene. Auf der personalen Ebene wird der Reifungsprozess durch den Tod begrenzt, also beendet. Alles was bis zum Tod den Reifungsprozess blockiert hat, lebt über den Tod hinaus fort und kann dann nur noch transpersonal gelebt werden. Dies wird oft durch die Gemeinschaft blockiert, so dass eine weitere Reifung der Liebe unterbunden wird. Bei meinem Kinderheimeintritt sagten mir Erzieher „ich bräuchte nicht zu weinen, anderen Kindern ist dies auch so ergangen". Im Alter von sieben Jahren war mir jedoch klar, dass andere Kinder auch nicht um meine Mutter weinen konnten, da sie sie ja nicht kannten. Zudem hatte nur ich die Beziehung zu meiner Mutter und sonst niemand. Meine Schlussfolgerung war somit klar: Nur ich konnte meiner Mutter nachweinen. Ich konnte dies jedoch nicht bei den Erziehern und auch nicht vor anderen Heimkindern tun, sondern es blieb mir nur möglich, es im Verborgenen zu tun, dann, wenn es niemand sieht. Das war abends im Bett vor dem Einschlafen. Ich lernte, was mein Umfeld nicht will, kann ich nur im Verborgenen tun und hatte zu schweigen. Dann hatte ich wieder Glück. Für mich war es Glück, dass mein jüngerer Bruder ins Kinderheim eingewiesen wurde, mit dem ich meine Sorgen teilen konnte. Bevor mein Bruder kam, war ich allein und Alpträume plagten mich. Nun bestand Hoffnung und eine mögliche Rückkehr zum Familienclan, doch die Freude darauf war durch meine inzwischen beendete Trauerphase nur noch von geringer Natur. Ich hatte meine Mutter nur in liebender Erinnerung und dieser Zustand hatte seinen Höhepunkt erreicht und für mich beendet durch die mir von den Erziehern übermittelten Todesnachricht. Die erlebte Liebe zu meiner Mutter ließ mir damals keine weitere Reifung mehr als nötig erachten. Eine Steigerungsform von Liebe gibt es hier nicht, auch wenn die deutsche Grammatik dies vorsieht (lieb – lieber – am liebsten). Ich musste damit die Liebe zu meiner Mutter konservieren. Ich tat es quasi naturgegeben, denn der natürliche Reifungsprozess der Liebe war intakt. Dann lernte ich durch das Kinderheim eine andere Art von Liebe kennen, die Liebe zu Gott, den Engeln und Heiligen, die Liebe zu Christus. Es waren alles Wesen, die körperlich nicht greifbar waren, denn sie waren fast alle im irdischen Sinne tot und lebten nur in der Erwachsenenwelt, für mich als Kind eine Phantasiewelt. Ich fragte mich, wieso wird hier Liebe in einer Phantasiewelt gelebt und offensichtlich dabei die eigenen Eltern vergessen? Dann gab es das Wesen Gott, ohne jegliche personale Sichtbarkeit und nur im transpersonalen Raum existent. Es dauerte einige Zeit, die Realitäten der Erwachsenenwelt zu durchschauen und musste akzeptieren, um zu überleben. Ich blieb Realist und habe erkannt, dass viele Erwachsene diese Phantasiewelt brauchen, sie nennen es Glauben an überirdische Mächte und Kräfte zur Erklärung, wieso und warum alles um uns herum geschaffen wurde und welcher Auftrag für uns gegeben ist. Zur Erklärung der Erwachsenenwelt habe ich mir daher ein erklärendes Persönlichkeitsmodell ausgedacht, dass differenziert nach Fortpflanzung und Enthaltsamkeit im personalen und transpersonalen Raum. Neben der Rolle der Liebenden habe ich die Rolle der Experten differenziert und leite für das Menschsein die folgenden Expertenrollen ab:

- Entbindungshelfer/in
- Gotteskenner/in
- Heiler/in
- Arbeiter/in
- Lehrer/in
- Politiker/in bzw. Herrscher/in

Ich bezeichne sie auch als Kardinalrollen. Jede dieser Rollen nimmt ein erwachsener Mensch in seinem Leben zu verschiedenen Zeiten wahr. Jeder Mensch sollte daher auch Experte/in in eigener Person sein bzw. werden. Für jede Rolle gilt es Gutes und Böses voneinander zu unterscheiden, auch wenn stets nur das Gute gewollt ist. Näheres dazu in meinem Buch mit dem Titel „Wer bin ich und wer bist du? Mensch-Totem!" (Boesen 2016).

→ Erfolg ist Leben mit den Kardinalrollen der Liebenden und der Experten.

→ Erfolg ist die Welt mit den Augen eines Kindes zu sehen.

Für die Kinder sind einige dieser Rollen noch in Entwicklung und sie machen sich bereits Gedanken darüber. Beim Entbindungshelfer ist für mich auch die Rolle zur Entbindung vom irdischen ins überirdische Leben gemeint, also der Übergang vom Leben zum Tod. Hierzu gibt es den Sterbebegleiter und/oder Trauerbegleiter. Kinder, die früh den Tod ihrer Eltern erfahren, machen sich natürlich Gedanken darüber, was nun mit dem Tod sein wird und suchen eine Erklärung. Ein Kind begleitet damit auch diese Phase und wird beteiligt, je nachdem wie die Erwachsenenwelt dies zulässt. Kinder können also auch schon „Entbindungshelfer" sein, jedoch ohne die Verantwortungskompetenz, die Erwachsene unterlegen.

Dies gilt analog für die Rolle des Gotteskenners, wobei auch hier die Erwachsenenwelt das Erklärungsmodell vorgibt und Kinder sich bereits ihre eigenen Gedanken dazu machen.

Kinder können auch schon Heiler sein, indem sie diese Rolle auf ihre Art wahrnehmen. So spenden Kinder schon Trost und fühlen mit, wenn andere Kinder Schaden erleiden. Mitgefühl ist heilender Natur. Insofern ist ein Kind heilend tätig und trägt noch keine Verantwortungs- und Fachkompetenz, wie sie die Erwachsenenwelt definiert.

Die Rolle des Arbeiters ist für ein Kind die Rolle des Spielers, auch wenn dies kulturell unterschiedlich gesehen wird.

> „Or again there is a right to play that seems to reflect the distinctive needs of childhood..."

(Archard 2015 S. 61).

"Oder nochmals es gibt ein Recht zu Spielen, dass naheliegend die charakteristischen Bedürfnisse von Kindheit wiedergibt..."

Die Rolle des Lehrers ist beim Kind die Rolle des Lernenden.

Die beste Voraussetzung zu erfolgreichem Leben ist daher als Kind den Fokus auf Spielen und Lernen zu haben.

→ Erfolg ist als Kind genug Zeit zum Spielen und Lernen gehabt zu haben.

Dass Kinder auch schon kleine Herrscher sein wollen ist jedem Erwachsenen, der selbst Kinder erzogen hat, hinreichend genug bekannt. Höhepunkt ist dabei die Pubertät, die den Jugendlichen zum Erwachsensein führt und zunächst vieles in Frage stellt, was im Elternhaus vermittelt wurde. Der griechische Philosoph Platon brachte es schon vor über 2000 Jahren auf den Punkt:

> *„Die Kinder von heute sind Tyrannen. Sie widersprechen ihren Eltern, kleckern mit dem Essen und ärgern ihre Lehrer!"*

→ Erfolg ist, mit Widersprüchen und Ärgernissen umgehen zu können.

Außer der Liebe zum Menschsein und seinen Charakteristiken braucht es eine weitere Eigenschaft, die jedoch seinen Ursprung wiederum in der Liebe hat:

> *„Geduld ist das Schwerste und das Einzige, was zu lernen sich lohnt. Alle Natur, alles Wachstum, aller Friede, alles Gedeihen und Schöne in der Welt beruht auf Geduld, braucht Zeit, braucht Stille, braucht Vertrauen, braucht den Glauben an langfristige Vorgänge von viel längerer Dauer, als ein einzelnes Leben dauert, die keiner Einsicht eines Einzelnen ganz zugänglich und in ihrer Gänze nur von Völkern und Zeitaltern, nicht von Personen erlebbar sind"*

(Hesse S. 110).

Geduld zu haben bedeutet sein Leben in kleinen Schritten zu gehen, nichts mehr zu übereilen. Doch es gehört beides zu unserer menschlichen Natur. Oft geht es nicht schnell genug. Durch einen Schicksalsschlag ist Eile jedoch kein guter Ratgeber mehr. Die Schwere eines Schicksalsschlages kann einem versuchten Totschlag entsprechen:

> *„Wem das Schicksal von außen kommt, den erlegt es, wie der Pfeil das Wild erlegt"*
>
> (ebenda S. 102).

Von einem Pfeil getroffen zu sein, bedeutet Verletzungen zu erleiden, die Zeit zur Heilung benötigen. Diese Heilung vollzieht sich im Miteinander von Ich und Du.

→ Erfolg ist Heilung zuzulassen und zu bekommen.

Verletzungen sind verschiedenster Art. Kleine Kinder, die ihre Eltern verlieren und keinen angemessenen Ersatz erhalten, sind zunächst für ihr Leben gezeichnet, gelten als stigmatisiert und sind nur eine Minderheit in der Gesellschaft. Die Heilung dauert lange, sehr lange und ist zuweilen kaum mehr möglich. Will das Kind zu Erfolg gelangen, braucht es seine Heilung. Diese Zeit der Heilung braucht ein Kind, das keinen Schicksalsschlag erleidet, nicht zu gehen und hat daher einen strategischen Vorteil, sein Leben erfolgreicher zu gehen. Mit diesen Kindern kann sich ein Heimkind nicht mehr messen. Ein Heimkind braucht einen anderen Lebensweg, denn der durch ein Elternhaus vorgelebte Lebensweg ist nicht mehr machbar. Dies erfordert höhere Auseinandersetzungen und das Leben in Parallelwelten. Die Welt des Heimkindes als stigmatisierte Welt passt nicht in die Welt der Leistungsgesellschaft, in der die Leistung das Maß aller Dinge ist und ein Erfolg den nächsten jagt. Der Kunde gilt als König und ein König ist reich und hat das nötige Geld jegliche Dienste zu kaufen. Also strenge ich mich an und leiste mein Bestes, vergesse und verdränge beim „Bedienen des Kunden" meinen Schicksalsschlag und lege den Grundstein weiteren persönlichen Erfolges.

→ Erfolg ist Talentabhängig, das Lösen von „Eintrittskarten".

Dies gilt analog für das Pflegekind, das Adoptivkind, das Scheidungskind. Schon in der Schule zählt die Leistung im Vergleich zu meinen Mitschülern. In den weiterführenden Schulen stellte ich fest, dass auch Kinder aus „normalen" Familien nicht die Leistung erbringen, die die Lehrer zur Versetzung als notwendig erachteten. Ich dachte längere Zeit, dass offenbar diese Kinder tatsächlich intellektuell minderbegabt sind. Später beobachtete ich, dass diese Kinder durchaus recht pfiffig waren, doch den schulischen Maßgaben nicht Folge leisten wollten und quasi in ihrer Rebellion zur Erwachsenenwelt steckenblieben. Für die meisten Kinder und Jugendlichen war Spielen der Hauptzeitvertreib. Spielen lenkt natürlich ab und die partielle Loslösung gelingt oft deutlich später. Zuweilen bleibt das Spielen weiterhin die Hauptbeschäftigung und manch einer hat aus dem Spielen auch direkt seinen Beruf gefunden. Bestes Beispiel dazu sind die sportlichen Talente, allen voran das Fußballspielen. Ich war ebenfalls geneigt, dem Fußballspielen zu frönen, doch meine körperliche Belastbarkeit hielt den besseren Leistungen meiner Mitspieler nicht stand und ich verlies daher diesen Weg und konzentrierte mich auf die schulischen Herausforderungen. Jeder muss also seinen eigenen Weg finden zu seinem persönlichen Erfolg.

→ Erfolg ist stets versuchen sein Bestes zu geben.

Am Beispiel des aus der Politik bekannten Scheidungskindes Westerwelle konnte ich aufzeigen, dass auch ein hoher persönlicher Erfolg möglich ist trotz elterlicher Trennung und dass solche Erfolge nicht von vornherein bestimmbar sind. Ich kann daher stets nur versuchen mein Bestes zu geben und lasse auch meine Nächsten entscheiden, zu was sie mich befähigen. Denn ich kann schon in der Schule nicht entscheiden, mir mein Abschlusszeugnis auszustellen, auch wenn ich mich befähigt halten sollte, dass der Abschluss mir zusteht. Das interessiert nicht, denn das Testat stellen die Lehrer aus, meine Mitmenschen. Genauso ist es im Arbeitsleben. Ich kann zwar immer auch meine eigene Leistung bewerten und mich für einen tollen Leistungsträger halten, doch das Testat geben mir die Leistungsanbieter, jene die Leistung von mir abverlangen und ich mich dieser Herausforderung stelle. Das Testat ist jedoch kein Freibrief, stellt lediglich eine „Eintrittskarte" dar in eine neue Welt, in die ich kraft

Ausbildung schon einmal reinschnuppern konnte. Die Bewährung und Nachhaltigkeit meiner Leistungserbringung zeigt sich im Arbeitsleben gestützt durch mein Privatleben.

→ Erfolg ist Beachtung des Lebensrisikos, Achtsamkeit.

Leistungserbringung und Erfolg unterliegen dem Lebensrisiko, das heißt es kann mich jederzeit ein Schicksalsschlag treffen. Der Mensch verdrängt dies und möchte das Leben genießen, möchte das Geschenk des Lebens mit Freude nutzen. Humor ist dabei der beste Ratgeber. Wir erfreuen uns an Mitmenschen, die Freude ausstrahlen und den nötigen Humor bieten. Sie ziehen uns an. Menschen, die getrübter Stimmung sind, fast ständig nur über Probleme sprechen, lassen uns auf Distanz gehen. Wir brauchen daher zwei Gesichter zur Lebensgestaltung, wie dies im Titelbild mit dem Januskopf zum Ausdruck kommt.

→ Erfolg sind zwei Gesichter, der Januskopf.

Der Januskopf entspringt römischer Mythologie und schaut vorwärts und rückwärts, steht für Anfang und Ende. Die Gesichter sehen im Original gleich aus und der Betrachter fragt sich warum diese Doppelgesichtigkeit? Der äußere Schein sagt nichts über die inneren Werte, die inneren Zielsetzungen. Hier weist der Januskopf auf den möglichen inneren Widerspruch hin, der sich äußerlich nicht zeigt. Die beiden Gesichter stehen auch für den sogenannten Dualismus, das heißt alles im Leben hat seine zwei Seiten: außer Anfang und Ende, Vergangenheit und Zukunft, Leben und Tod (weiteres siehe zum Beispiel in Wikipedia Begriff: Janus).

Bei der Analyse der Autoritäts- und Herrschaftsstruktur werden von manchen Autoren die Organisationsstrukturen als janusköpfige und widersprüchliche Erscheinungen beschrieben. Die Zwecke zur bestmöglichen Zielerreichung geraten recht schnell ins Blickfeld während die Herrschaftssicherungszwecke gesucht werden müssen. Dadurch ist eine objektive Bewertung zunächst nicht möglich und dennoch wird dies natürlich versucht. Es braucht jedoch seine Zeit, zur höheren Objektivität zu kommen, denn im menschlichen Miteinander wird es immer die dem Menschen eigene Subjektivität geben („von persönlichen Gefühlen, Interessen, von Vorurteilen bestimmt; voreingenommen, befangen, unsachlich", Duden Fremdwörterbuch 2011 Begriff subjektiv). Das Doppelgesicht weist auf die eigene Befangenheit hin (seines Gegenüber in sich selbst), seine Urteilsfähigkeit (in Vorurteilen, auch in Vorverurteilungen gefangen objektiv wie subjektiv), seine Zwiespältigkeit (innerliche Zerrissenheit) hin. In mir wirken stets zwei Seiten im Menschsein, Gut und Böse gleichermaßen und ich kann es oft nicht auseinanderhalten. Es lässt sich für den Menschen nicht leugnen, dass sein eigenes Schicksal besiegelt sein wird, der Januskopf zeigt Ende und Anfang.

Ein Schicksalsschlag, der von mir nicht verstanden wird, führt in mir zu tiefer Trauer mit einhergehenden subjektiven Erscheinungen wie Wut und Zorn. Dies wird von meinen Mitmenschen oft nicht verstanden und viele können und wollen es nicht aushalten, denn das Leben geht weiter und soll Freude machen. Ich brauche einen kühlen Kopf, gepaart mit Freude. Daher symbolisiert mein Januskopf für die Vergangenheit den erlebten Schicksalsschlag, der mir die Zornesröte in den Kopf steigen lässt und für die Zukunft die gemeisterte Krisensituation, wozu ich den kühlen Kopf brauche. Dennoch bleiben beide Gemütszustände in mir wirksam. Es verlangt mir eine schauspielerische Leistung ab, denn in der Leistungsgesellschaft interessieren Schicksalsschläge nicht besonders, auch wenn sich die Leistungsgesellschaft damit befassen muss. Dabei werden Schicksalsschläge so gering wie möglich „abgehandelt" um schnell zur Tagesarbeit überzugehen. Mein Januskopf illustriert daher auch meine Kardinalrollen, rot steht für den Arbeiter in mir und blau für den Lehrer. Beim Kind wäre rot symbolisiert mit Spielen und blau mit Lernen. Die violette Farbe der Mütze steht für Kreativität und Kompetenz, für Herrschen und Dienen. Das lachende Gesicht zeigt die Lebensfreude, die für Heilung steht und gut für mich ist. Das traurige Gesicht weist auf Ärger und Trauer hin, dem Schaden vorausgegangen ist und böse zu mir war, nun aber durch Trauerarbeit auch nützt. Bei der Trauerarbeit und meiner Schicksalsfrage benötige ich die transpersonalen Kardinalrollen. Auch dies symbolisiert mir mein Januskopf. Mein Leben erfordert die Auseinandersetzung mit der Natur, mit den irdischen und überirdischen Kräften. Rot ist die Arbeit von mir in der

Natur, die Gestaltung der Natur. Die Natur ist mein Lehrer, mein Heiler, mein Diener. Ich versuche die Natur mit meinen Mitteln zu beherrschen. Die Natur ist Leben und Tod, ich suche die Erklärung, brauche dafür einen kühlen Kopf und Achtsamkeit, ansonsten ist es mein früher Tod. Über der Natur steht für die Gläubigen ihr Glaube. Jeder Mensch glaubt an sich selbst und an irgendetwas. Viele Menschen teilen dazu den Glauben an das überirdische Wesen, dass sie Gott nennen und von dem kein persönliches Bild existiert und damit nicht personifizierbar ist. Deshalb haben viele Religionen personifizierte Wesen geschaffen, teils abgeleitet aus überirdischen Gottheiten oder den Engeln, den Boten Gottes. Manche Religionen greifen auch auf verstorbene Menschen zurück, denen sie gottähnlichen Status verleihen mit hoher Symbolkraft.

Der Januskopf zeigt die Zustände auf, kann personal und transpersonal adressiert werden, ist demnach objektiv, doch die persönliche und subjektive Wahrnehmung gelingt nur in mir selbst, das heißt auch das was Gut und Böse für mich und den anderen ist.

Ich brauche für die Auseinandersetzung mit meinem Schicksalsschlag Mitmenschen außerhalb meiner bestehenden Organisation, für die ich keine entgeltlichen Leistungen erbringen muss, denn nur für Leistung erhalte ich in einem Unternehmen meinen Lohn. Wenn ich keine Leistung erbringen kann, steht mir dafür auch kein Lohn zu, auch wenn unsere Gesellschaft sogenannte Lohnersatzleistungen politisch festgelegt hat. Damit wird jedoch nur mit einem minimalen Anspruch an den Menschen gedacht, das heißt was sieht die Gesellschaft als unbedingtes Minimum an, einem Menschen in Not zu helfen. Ich brauche mehrere Wege, mein Schicksal meistern zu können in Freud und Leid.

→ Erfolg ist Kreativität, teilen von Freud und Leid.

Dies erfordert den vom Schicksal getroffenen Menschen einiges an schauspielerischem Talent und Kreativität ab. Je besser dies gelingt, umso erfolgreicher ist die persönliche Bilanz, mein persönliches seelisches Gleichgewicht. Auf Dauer kann ich mein Schicksal nicht leugnen und muss damit umgehen lernen und jene Mitmenschen finden, die mein Schicksal mit mir teilen können. Dies gelingt außerhalb des eigenen Familienclans, in dem ich auf Mitmenschen treffe, die mit mir mitfühlen und mitdenken können und denen ich keine langen Erklärungen liefern muss, damit sie mich verstehen. Fachlicher Beistand ist hilfreich und zuweilen zwingend nötig, doch wenn im fachlichen Beistand keine Selbsterfahrung liegt, dann hilft es nachhaltig meiner Heilung nicht. Die Heilung ist zudem nicht nur im Vier-Augen-Gespräch nachhaltig möglich, sondern braucht das Gruppenerlebnis, damit ich mein **Leid infinitesimal teilen** kann, **das heißt je mehr ich mein Leid mitteilen kann, umso mehr strebt es gegen Null**, löst sich also auf. Schon der Volksmund weiß: Geteiltes Leid ist halbes Leid und geteilte Freud ist doppelte Freud. Dies gilt, wenn ich nur ein Gegenüber habe. Doch heilsamer ist, mehrere Gegenüber zu haben, das heißt eine größere Gruppe zu haben, in der ich mein Leid teilen kann. Bei der Freude ist der Effekt umgedreht: je mehr Mitmenschen ich erfreuen kann umso mehr steigert es mein Wohlbefinden, mein Selbstbewusstsein und es führt mich höher auf der Erfolgsleiter.

Die **infinitesimale Teilung des Leids** ist anschaulich wenn ein ganzes Volk getroffen ist, wie **bei einem Krieg**. Nach dem Krieg hat fast jeder Mensch sein Leid zu beklagen und es werden Erinnerungsstätten für die Gefallenen errichtet. Für die meisten Menschen ist damit das **Ertragen von Leid zum Normalzustand** geworden. Da der Mensch ein Meister der Verdrängung ist, kann er das als normal empfundene Leid in der Gemeinschaft sehr gut verdrängen. Es bleiben jene Mitmenschen, deren Leidempfinden tiefgreifender Natur ist und seelisch zerbrechen. Auch Menschen als Minderheiten einer Gesellschaft haben es schwer. Die von mir untersuchten Heimkinder, die die Hilfe ihrer Eltern nicht mehr kindgerecht erhalten, stellen eine Minderheit gegenüber den Kindern dar, die in Familien aufwachsen. Für deren Schicksal interessiert sich die Gemeinschaft wenig. Erst als ehemalige Heimkinder selbst befähigt wurden im Erwachsenenalter auf ihr erfahrenes Leid hinzuweisen und einen Verein gründeten erreichten ihre Worte die hohe Politik. Plötzlich waren es zu viele ehemalige Heimkinder geworden und der Protest schlug sich nieder in den Pressemedien. Die Politik reagierte quasi nach dem „Großflächenbrand", in dem eine Bundestagskommission gegründet wurde und Ende 2010 einen Gütevorschlag unterbreitete. Für Pflegekinder gab es keine vergleichbare politische Aufarbeitung, da kein „Großflächenbrand" entstand und die Pflegefamilien hilfreich sein konnten. Ähnlich die Situation bei Adoptivkindern, wobei hier zur Aufklärung ihres Schicksals der unbekannten biologischen Eltern die Fachwelt hilfreich war. Die heute zunehmende Anzahl von Scheidungskindern erleben oft die Odyssee zwischen ihrem Familienclan und der Behördenwelt. Sind sich die Eltern einig, dann verarbeitet auch ein Scheidungskind seinen erlebten Schicksalsschlag der elterlichen Trennung im Verbund mit seiner Familie sehr gut und wie das Beispiel Westerwelle zeigte in besonderer Erfolgsgeschichte. Im Falle Westerwelle bleibt der frühe Tod ein Schicksalsschlag für die Hinterbliebenen, nicht mehr für den Toten selbst, denn dieser hat nach christlichem Glauben seine Erlösung gefunden und ist alle irdischen Sorgen los. Scheidungskinder, die ihre Sorgen im Familienverbund nicht adressiert bekommen, können auf einige externe Hilfen hoffen. Ich nenne hier nur die Ortsverbände des deutschen Kinderschutzbundes, die nach und in Abstimmung mit den Jugendbehörden Anlaufstelle für alle Nöte von Kindern und Jugendliche sind und Hilfen bereitstellen können.

→ Erfolg ist lebenslanges Arbeiten an seinem Beziehungsnetzwerk in Liebe und Freiheit, mit Gefühl und Verstand.

Ich bin in dessen Sein du wirkst!

Du bist in dessen Sein ich wirke!

Ich bin ich und ich bin du, Du bist ich und du bist du!

Weiteres dazu in meinem Buch: „*Wer bin ich und wer bist du? Mensch-Totem!*"

Die folgende Übersicht enthält überblicksartig die wesentlichen Erfolgsrezepte:

Minimiere dein Lebensrisiko durch Achtsamkeit sobald es dir selbst möglich ist
Gehe kleine Schritte zur Vermeidung weiterer Schicksalsschläge
Arbeite an dir selbst, denn du bist dir selbst verantwortlich
Das Glück gehört dem Tüchtigen, doch es ist nur von kurzer Dauer
Schaffe dein Beziehungsnetzwerk zum beiderseitigen Nutzen, denn das Leben ist Geben und Nehmen
Liebe dich selbst und auch deinen Nächsten
Gutes und Böses wirkt in jedem Menschen, bleib dir treu und lerne die Kunst des Schauspielens
Bilde dich so gut du kannst, löse deine „Eintrittskarten" und beachte Bildung schafft auch Hemmungen
Erkenne Ich und Du, die unendliche Beziehung
Definiere deine Erfolgskriterien und bleib bescheiden. Plane deine Zukunft, doch mache dich nicht zum Sklaven deiner selbst, denn es gibt viele andere Wege, die du gehen kannst.
Erkenne das Reifungspotential deiner Liebe zu dir selbst und den Mitmenschen, personal und transpersonal. Beachte: Die Liebe macht blind!
Lebe die Kardinalrollen der Liebenden und der Experten
Schau dir die Welt mit den Augen eines Kindes an und lerne und spiele.
Erfolg ist ein Januskopf, erfordert zwei Gesichter, ein lachendes und ein trauriges Gesicht, braucht Freude und Umgang mit Leid, mit Leben und Tod.
Teile dein Leid, schon der Volksmund weiß: Geteiltes Leid ist halbes Leid. Doch je mehr du es mit den Mitmenschen teilen kannst, umso mehr löst es sich in Luft auf.
Teile deine Freude, schon der Volksmund weiß: Geteilte Freud ist doppelte Freud. Doch je mehr du sie mit den Mitmenschen teilen kannst, umso freudiger erfüllt es dich.

Abbildung 9   Erfolgsrezepte nach schwerem Schicksalsschlag

Abbildungsverzeichnis

Abbildung 1	Erlebniswelt von Heimkindern in geschlossenen Einrichtungen	22
Abbildung 2	Heime befürchten Erziehungsnotstand	43
Abbildung 3	Die Verantwortungskette, die Verteilung der Verantwortung auf viele Schultern	51
Abbildung 4	Organisationale Merkmale und ihre Wirkungen	73
Abbildung 5	Ausdrucksformen menschlichen Verhaltens	77
Abbildung 6	Idealtypische Ausprägung menschlicher Verhaltensformen in verschiedenen Gemeinschaftsformen	102
Abbildung 7	Defizite deutscher Heimpädagogik	109
Abbildung 8	Verlusterleben elterlicher Zweisamkeit	120
Abbildung 9	Erfolgsrezepte nach schwerem Schicksalsschlag	187

Literaturverzeichnis

Abschlussbericht RTH (2010): Abschlussbericht des Runden Tisches „Heimerziehung in den 50er und 60er Jahren", Eigenverlag und Vertrieb: Arbeitsgemeinschaft für Kinder- und Jugendhilfe – AGJ, Mühlendamm 3, 10178 Berlin, Dezember 2010

Archard, David (2015): Children Rights and Childhood, third Edition 2015, by Routledge Taylor & Francis Group London and New York

Arnold, W.; Eysenck, H.J.; Meili, R. (Hrsg.) (1980): Lexikon der Psychologie, 3 Bände, Freiburg, Basel, Wien.

Bergler, R. (1976): Vorurteile - erkennen, verstehen, korrigieren; hrsg. vom Institut der deutschen Wirtschaft, Köln

Bösen, Werner (1990): Kinder in geschlossenen Einrichtungen, gefühls- und geschlechtslose Wesen, Frankfurt/Main.

Boesen, Werner (2016): Wer bin ich und wer bist du? Mensch-Totem. Verlag epubli

Brenner, Ch. (1981): Grundzüge der Psychoanalyse, Frankfurt am Main (Fischer Taschenbuch)

Brenner, Ch. (1982): Praxis der Psychoanalyse, Frankfurt am Main (Fischer Taschenbuch)

Brown, R.; Herrnstein, R.J. (1984): Grundriß der Psychologie. Übersetzt aus dem Amerikanischen von S. Ertel, Berlin, Heidel-berg, New York, Tokyo

Damkowski, Christa (1991): Pflegekinder ohne Geschichte?, in:

Psychologie heute 6/91 S. 11 ff.

Die Rheinpfalz (Tageszeitung 15.6.1991): Grausamkeit an Kindern und Eltern. Zu Zwangsadoptionen in der ehemaligen DDR. Briefe an die Redaktion.

Die Rheinpfalz (Tageszeitung 4.9.1991): Ehemaliger Erzieher verurteilt. Zwölfjähriges Heimkind vergewaltigt – Haftstrafe von 12 Jahren.

Die Rheinpfalz (Tageszeitung April 2016): Schwere Vorwürfe gegen zwei Kinderheime. Heimleiter bestreitet Anschuldigungen.

Die Rheinpfalz (Tageszeitung 20.4.2016): Verfassungsgericht will keine DNA-Tests „ins Blaue" hinein. Hintergrund: Enge Vorgaben zur Klärung der genetischen Abstammung.

Die Rheinpfalz (Tageszeitung 20.4.2016 Kommentar): Rolle rückwärts. Durch das aktuelle Urteil des Verfassungsgerichts wird das Recht eines Kindes, seine Eltern zu kennen, merklich eingeschränkt.

Duden „Rechtschreibung der deutschen Sprache und der Fremdwörter"/ hrsg. von der Dudenred. im Einvernehmen mit d. Inst. für Dt. Sprache, 18. Aufl., Mannheim, Wien, Zürich: Bibliographi-sches Institut 1980

Duden, Das Fremdwörterbuch (2011): Duden Band 5, 10., aktualisierte Auflage, Dudenverlag, Genehmigte Sonderausgabe für Verlagsgruppe Weltbild GmbH.

Fox, Matthew; Vision vom Kosmischen Christus: Aufbruch ins 3. Jahrtausend, aus dem Amerikan. Von Jörg Wichmann, 1. Aufl. 1991, Kreuz Verlag

Franke, Henning (1991): Kehrseiten. Die Drogenprobleme von Managerkindern. Beitrag in Zeitschrift Capital 10/91 S. 285

Frankfurter Allgemeine Zeitung (FAZ 13.07.1991): Zwei Jungen nach der Geburt vertauscht. Fehler nach fünf Jahren erkannt.

Grausamkeit an Kindern u. Eltern(1991), in: Die Rheinpfalz vom 15.6.91
Briefe an die Redaktion, Beiträge von Karl Hafen und Prof. Dr. Haro Schreiner

Hafen, Karl(1991): Grausamkeit an Kindern u. Eltern, in: Die Rheinpfalz v. 15.6.91 Briefe an die Redaktion

Handelsblatt (1989): Familienrecht. Einige Paragraphen grundgesetzwidrig. Ein Recht auf Kenntnis der eigenen Abstammung, in: Fachzeitschrift Handelsblatt am 1.2.89

Hemminger, H. (1982): Kindheit als Schicksal? Die Frage nach den Langzeitfolgen frühkindlicher seelischer Verletzungen, Reinbek bei Hamburg

Hesse, Hermann (1999): Lektüre für Minuten. Gedanken aus seinen Büchern und Briefen, Suhrkamp Verlag 1999

Kast, Verena (1985): Trauern. Phasen und Chancen des psychischen Prozesses, Kreuz Verlag

Kieser, A.; Kubicek, H. (1977): Organisation, Berlin, New York

Kieser, A.; Kubicek, H. (1978a): Organisationstheorien I, Stuttgart, Berlin, Köln, Mainz (Urban TB Bd. 514/I).

Kieser, A.; Kubicek, H. (1978b): Organisationstheorien II, Stuttgart, Berlin, Köln, Mainz (Urban TB Bd. 514/II).

Kluge, K.-J. u. a. (1982): Heimerziehung - ohne Chance?: Zur Lage d. Heimerziehung in Vergangenheit u. Zukunft - e. Zwischenbilanz für Praktiker, Heidelberg (Schriftenreihe Mensch und Verhaltensauffälligkeit Band 20).

Kupffer, H. (Hrsg.) (1982): Einführung in Theorie und Praxis der Heimerziehung, 3. ergänzte Aufl., Heidelberg (Uni Taschen-bücher 657)

Lani, Martine (1990): A la recherche de la generation perdue (Hommes et Perspectives 1990), zitiert in: Psychologie heute 6/91 S. 11 Beitrag von Christa Damkowski

Mayntz, Renate (1963): Soziologie der Organisation, Reinbek b. Hamburg

Mittendrin (1991): Zeitschrift des Bundesverbandes behinderter Pflegekinder e.V., Heft 2/91

Morris, D. (1978): Der Mensch, mit dem wir leben. Ein Handbuch unseres Verhaltens, München (Knaur Taschenbuchausgabe)

Müller-Münch, Ingrid (2016): Die geprügelte Generation. Kochlöffel, Rohrstock und die Folgen. 5. Auflage Juni 2016, Piper Verlag

Peter A. Levine (2011): Vom Trauma befreien, Kösel Verlag, 5. Aufl. 2011

Phyllis Krystal (1990): Frei von Angst und Ablehnung, aus dem Amerikanischen übersetzt von Ingrid von Eyb 1999, Econ & List Taschenbuch Verlag 1999

Pro Familia (1990) Heft 6/90 Ideologie u. Familienplanung

Rheinpfalz Nr. 67 (2016): Zwischen Donnerhall und Feinsinn, Ausgabe 19. März 2016

Robbins, Anthony (1992): Grenzenlose Energie. Das Power-Prinzip Rentrop Verlag, 3. Aufl.

Schreiner, Haro (1991): Grausamkeit an Kinder u. Eltern, in: Die Rheinpfalz v. 15.6.91 Briefe an die Redaktion

Schröder, Stefan (1991): Das Elternrecht verwirkt? Beitrag in der Frankfurter Allgemeinen Zeitung am 9.2.91, S. 9

Türk, K. (1978): Soziologie der Organisation, Stuttgart

Von Bingen, Hildegard; Alles ist mit allem verbunden, Gedicht veröffentlicht auf: www.paradiso.de/gedicht-von-hildegard-von-bingen-alles-ist-mit-allem-verbunden#sthash.VIsVBWDV.dpuf

Weber, M. (1924): Gesammelte Aufsätze zur Soziologie und Sozialpolitik, Tübingen

Wikipedia; a "multilingual, web-based, free-content encyclopedia project supported by the Wikimedia Foundation and based on a model of openly editable content", https://en.wikipedia.org/wiki/Main_Page

Danke an alle Du

- Meine verstorbenen Eltern und Vorfahren, derer ich weiter gedenke im Alltag und darüber hinaus,
- Meinem Familienclan väterlicher- und mütterlicherseits,
- Meinen Pflegeeltern und deren Familienclan,
- Meiner Ehefrau und meinen Kindern, Enkelkindern und weiteren Nachkommen,
- Meinen Bekannten und Freunden,
- Meinen Lehrern und Heilern/Heilerinnen,
- Meinen Geburtshelfern und Trauerbegleitern, meinen künftigen Sterbebegleitern,
- Meinen Theologen,
- Meinen Führern, Erziehern, Politikern,
- Den Arbeitern und Dienern,
- Der Natur, dem Kosmos und Gott mit Himmelsboten u. Gesandten,
- Meinem Schicksal,
- Meinem Ich

für Liebe und Anerkennung, Bildung und Förderung, in Freiheit bei Beachtung der Gebote Gottes, der Menschenrechte und –pflichten, der Menschenwürde.

Denn Liebe und Freiheit sind stärker als der Tod!

Wir sehen uns wieder! Wann, das weiß nur Gott!

MIX
Papier aus ver-
antwortungsvollen
Quellen
Paper from
responsible sources
FSC® C141904

Druck:
Customized Business Services GmbH
im Auftrag der
KNV Zeitfracht GmbH
Ein Unternehmen der Zeitfracht - Gruppe
Ferdinand-Jühlke-Str. 7
99095 Erfurt